रामधारी सिंह

जन्म : 23 सितम्बर, 1908 को [illegible] क सिमरिया नामक गाँव में हुआ था। [illegible] मोकामा घाट के रेलवे हाईस्कूल तथा फिर पटना कॉलेज में हुई जहाँ से उन्होंने इतिहास विषय लेकर बी.ए. (ऑनर्स) की परीक्षा उत्तीर्ण की। एक विद्यालय के प्रधानाचार्य, सब-रजिस्ट्रार, जन-सम्पर्क के उप-निदेशक, भागलपुर विश्वविद्यालय के कुलपति, भारत सरकार के हिन्दी सलाहकार आदि विभिन्न पदों पर रहकर उन्होंने अपनी प्रशासनिक योग्यता का परिचय दिया। 1924 में पाक्षिक 'छात्र सहोदर' (जबलपुर) में प्रकाशित पहती कविता से साहित्यिक जीवन का आरम्भ।

प्रमुख कृतियाँ : कविता–रेणुका, हुंकार, रसवन्ती, कुरुक्षेत्र, सामधेनी, बापू, धूप और धुआँ, रश्मिरथी, नील कुसुम, उर्वशी, परशुराम की प्रतीक्षा, कोयला और कवित्व, हारे को हरिनाम आदि। **गद्य–**मिट्टी की ओर, अर्धनारीश्वर, संस्कृति के चार अध्याय, काव्य की भूमिका, पन्त, प्रसाद और मैथिलीशरण, शुद्ध कविता की खोज, संस्मरण और श्रद्धांजलियाँ आदि।

सम्मान : 1959 में 'संस्कृति के चार अध्याय' पर साहित्य अकादेमी पुरस्कार और पद्मभूषण की उपाधि। 1962 में भागलपुर विश्वविद्यालय की तरफ से *डॉक्टर ऑफ लिटरेचर* की मानद उपाधि। 1973 में 'उर्वशी' पर भारतीय ज्ञानपीठ पुरस्कार। अनेक बार भारतीय और विदेशी सरकारों के निमंत्रण पर विदेश-यात्रा।

निधन : 24 अप्रैल, 1974

प्रण-भंग
तथा
अन्य कविताएँ

रामधारी सिंह 'दिनकर'

लोकभारती पेपरबैक्स

लोकभारती पेपरबैक्स में
पहला संस्करण : 2019
तीसरा संस्करण : 2024

लोकभारती पेपरबैक्स : उत्कृष्ट साहित्य के लोकप्रिय संस्करण

लोकभारती प्रकाशन
पहली मंजिल, दरबारी बिल्डिंग, महात्मा गांधी मार्ग,
प्रयागराज-211 001
द्वारा प्रकाशित

वेबसाइट : www.lokbhartiprakashan.com
ईमेल : info@lokbhartiprakashan.com

शाखाएँ : 1-बी, नेताजी सुभाष मार्ग, दरियागंज, नई दिल्ली-110 002
अशोक राजपथ, साइंस कॉलेज के सामने, पटना-800 006
1, अनमोल सोराबजी संतुक लेन, धोबी तलाव, मरीन लाइंस, मुम्बई-400 002

विकास कंप्यूटर एंड प्रिंटर्स
ट्रॉनिका सिटी-201 102
द्वारा मुद्रित

मूल्य : ₹250

PRAN-BHANG TATHA ANYA KAVITAYEN
Poems by Ramdhari Singh 'Dinkar'

ISBN : 978-93-89243-14-7

प्राक्कथन

पूज्य राष्ट्रकवि रामधारी सिंह 'दिनकर' को गुजरे छियालीस वर्ष हो गए। अब उनकी 110वीं जयन्ती का वर्ष बीत रहा है।

यूँ तो महाकवि दिनकर जी को राष्ट्रकवि कहा गया है पर महीयसी महादेवी वर्मा ने कहा था कि वे विश्वकवि हैं, क्योंकि उनकी कविताओं में मात्र राष्ट्रीयता की वाणी और उसकी स्वायत्तता का गौरवगान और संघर्ष नहीं है वरन् प्रेम का एक व्यापक क्षितिज है जो उन्हें विश्वकवि की श्रेणी में ले आता है। वस्तुतः दिनकर जी एक ही साथ विश्वकवि, महाकवि, राष्ट्रकवि और जनकवि–सभी हैं। उनकी विभिन्न कविताओं में भिन्न-भिन्न तौर पर उनके काव्य-व्यक्तित्व का वैशिष्ट्य प्रकट होता है।

दिनकर जी आज भी पाठकों के सर्वाधिक प्रिय कवि हैं और प्रासंगिक भी। उनकी कविताओं में आग है, राग है और अध्यात्म है। उनकी कविताओं का अवगाहन कर प्रतीत होता है कि वे अपने समकालीन कवियों से अलग तरीके से पाठकों के समक्ष प्रकट होते हैं।

दिनकर जी ने कहा था कि सच्चा कवि हमेशा जीवित रहता है–उसके प्रति राग और द्वेष के कारण उसके सामने उसका सही मूल्यांकन नहीं हो पाता। किसी कवि का सही मूल्यांकन उसके निधन के पचास वर्ष बाद होता है। और हम देख रहे हैं, जैसे-जैसे समय गुजरता जा रहा है, दिनकर जी की कविताओं की लोकप्रियता बढ़ती जा रही है।

पूर्व में दिनकर जी की सभी किताबें लोकभारती प्रकाशन से कुछ नवीन स्वरूप और अलग नाम देकर प्रकाशित हुई थीं। अब सभी पुस्तकें अपने पुराने नाम और प्रारूप में प्रकाशित हो रही हैं। आशा है, इससे दिनकर-प्रेमी हिन्दी साहित्य जगत् संतुष्ट होगा।

—अरविन्द कुमार सिंह

दिनकर भवन
आर्य कुमार रोड
पटना-800004

भूमिका

मेरी पहली कविता सन् 1924 ई. में जबलपुर से प्रकाशित होनेवाले पाक्षिक पत्र 'छात्र सहोदर' में छपी थी जिसके सम्पादक श्री नरसिंह दास थे। जब 'छात्र सहोदर' मासिक था, उसका सम्पादन श्री रामेश्वर शुक्ल अंचल के पिता पंडित मातादीन शुक्ल किया करते थे। उसके बाद मेरी बहुत-सी कविताएँ कलकत्ते से निकलने वाले साप्ताहिक पत्र 'सेनापति' और 'विश्वमित्र' में तथा मासिक पत्र 'नारायण' और 'सरोज' में छपीं। पटना से निकलने वाले पत्र 'देश' और 'महावीर' में भी मेरी आरम्भिक रचनाएँ छपी थीं।

गुजरात में बारदोली का सत्याग्रह-संग्राम सरदार वल्लभ भाई पटेल ने चलाया था। जब इस संग्राम में जीत किसानों की हुई, मैंने उससे प्रेरणा लेकर दस-बारह गीत लिखे थे, जिनका संग्रह 'बारदोली-विजय' के नाम से सन् 1928 ई. में निकला था। खेद की बात है कि इस पुस्तिका की एक भी प्रति मेरे पास नहीं है।

तब मैंने 'जयद्रथ-वध' के अनुकरण पर एक छोटा-सा खंडकाव्य सन् 1929 ई. में लिखा, जो 'प्रण-भंग' नाम से उसी वर्ष प्रकाशित भी हो गया। संयोगवश इस पुस्तक पर आचार्य रामचन्द्र शुक्ल की दृष्टि पड़ी और उन्होंने उसका उल्लेख अपने हिन्दी साहित्य के इतिहास में कर दिया। शायद इसी कारण मेरे पाठक इस पुस्तक के बारे में जिज्ञासु हो उठे और उन्होंने बार-बार मुझसे पूछा है कि यह पुस्तक कहाँ मिलेगी। इस जिज्ञासा का आदर करने के लिए ही यह उचित जान पड़ा कि 'प्रण-भंग' का नया संस्करण निकाल दिया जाए।

'प्रण-भंग' के प्रकाशन की बात निश्चित होते ही मन में यह विचार आया कि मेरी जो अन्य पचास-साठ कविताएँ अप्रकाशित अथवा असंगृहीत पड़ी हुई हैं, उनका भी उद्धार 'प्रण-भंग' के साथ ही क्यों नहीं कर दिया जाए!

'प्रण-भंग' के प्रथम प्रकाशन के बाद मैंने अपनी कविताओं का एक संग्रह 'रश्मिमाला' नाम से निकालना चाहा था; किन्तु अच्छा हुआ कि उसके प्रकाशन में बाधा पड़ गई। परिणाम यह हुआ कि सन 1935 ई. में जब 'रेणुका' प्रकाशित होने लगी, 'रश्मिमाला' की केवल तीन या चार कविताएँ ही उसमें जा सकीं। जो कविताएँ उस समय रोक ली गई थीं, वे अब वर्तमान संग्रह में जा रही हैं। जिन्हें 'रश्मिमाला' की पांडुलिपि देखना या उस पर काम करना हो, वे उसे भारत कला भवन, काशी के संग्रहालय में देख सकते हैं।

मैं वर्तमान संग्रह को अपनी प्रारम्भिक रचनाओं का संग्रह बनाना चाहता था और इसका मुख्य रूप वही है भी। किन्तु पुरानी बहियों को उलटते-पलटते समय कुछ कविताएँ और मिल गईं, जिन्हें प्रारम्भिक रचनाएँ तो नहीं कहा जा सकता; किन्तु जो उसी न्याय से प्रकाश में आने के योग्य हैं, जिस न्याय से कवि की प्रारम्भिक रचनाएँ प्रकाशित की जाती हैं।

कवि अक्सर रेंगता-रेंगता अपनी सही शैली पर पहुँचता है। प्रारम्भिक रचनाओं का ऐतिहासिक महत्त्व भी यही है कि उनमें कवि के रेंगने की रेखाएँ दिखाई देती हैं। 'सुधा', 'माधुरी' और 'मतवाला' में मैंने प्रसाद जी और निराला जी के आरम्भिक प्रयास के प्रमाण देखे हैं। मैथिलीशरण जी के रेंगने के प्रमाण तो 'सरस्वती' की फाइलों में ही मौजूद हैं। केवल पन्त जी के बारे में मैं यह कह सकता हूँ कि उनके रेंगने के निशान मुझे अब तक नहीं मिले हैं। मेरी कुछ ऐसी ही धारणा महादेवी जी के बारे में भी है।

'प्रण-भंग' के बारे में जो अनेक पाठक मुझे वर्षों से पत्र लिखते रहे थे, आशा है, वे उसे पढ़ लेंगे। किन्तु पढ़ लेने पर उनका केवल कौतूहल ही शान्त होगा।

इस पुस्तक के प्रकाशन का बहाना तो प्रारम्भिक रचनाएँ ही बनीं, किन्तु प्रवेश इसमें अनेक ऐसी रचनाओं का भी हो गया जिनकी रचना मैंने इधर हाल में की है। पुस्तक के अन्त में 'क्षणिकाएँ' नाम से जो अट्ठाईस कविताएँ संगृहीत हैं, उनमें ज्यादा तो ऐसी ही हैं, जिनका रचनाकाल 1969-70 ई. है। अतएव 'रश्मिलोक' के समान यह संग्रह भी मेरी सम्पूर्ण काव्य-यात्रा पर प्रकाश डालता है। कवि अपने जानते रत्नों को काल के करतल पर रखता है। वराटिकाओं को वह रास्ते में ही छोड़ देता है। मैंने इस बिखरी वराटिकाओं की भी एक मंजूषा बना दी, यह धृष्टता हो सकती है; किन्तु साहित्य के इतिहास की इससे थोड़ी सेवा हो जाना भी सम्भव है।

—दिनकर

नई दिल्ली
1-4-1974

अनुक्रम

प्राक्कथन 5

भूमिका 7

प्रण-भंग

[लघु खंड काव्य]

पूर्वाभास 15

रण-निमंत्रण 18

युद्ध से पहले : युधिष्ठिर 25

कुरुक्षेत्र में 31

प्रण-भंग 39

उपसंहार 49

स्फुट कविताएँ

शहीद अशफाक के प्रति 53

वायसराय की घोषणा पर 54

अशान्ति 58

उलझन 59

अनुरोध 61

एक मजदूरिन के प्रति 62

उपासना 64

अब 65

महात्मा गांधी 66

तलवार की धार पर 69

शहीदों के नाम पर 70

विनय 72

जिज्ञासा 73

कविते! तेरा स्वर्ण-काल वह है कहाँ? 74

गीत 77

अवलम्ब 78

यौवन का अभिमान 79

विचित्र प्रेम 80

कवि से 81

ताण्डव 82

प्रण-भंग 83

वीर 85

आकाशवाणी 87

धधक होलिके! 88
होलिका-प्रबोध 90
अनुचित होली 91
पिंजड़े का तोता 92
शोक-काव्य 93
मूक बलिदान 97
विदाई 98
आत्महत्या के प्रति 99
आह्वान 101
करुण कहानी 102
पुष्प-विलाप 105
निर्गन्ध फूल 106
आँसू 107
मधुरता 108
विदा 110
कविता 111
मगध की ओर से 112
तपस्या 114
116 अश्रु-गीत
118 फूल की जंजीर
119 विरह-योगिनी
121 हिमर्षि राजेन्द्र
122 उमंग
123 निर्जीव प्रेम
125 मृत्ति-पुत्र
127 शहीद
129 गांधी
132 ओ सपनों की रानी
134 अग्निपर्व
136 ध्वजा वन्दना-1
138 ध्वजा वन्दना-2
140 त्यागमूर्ति
141 गीत
142 क्षितिज के पार
144 निर्झर का स्वप्न-भंग
147 प्राण

क्षणिकाएँ

149-160

प्रण-भंग

[लघु खंड काव्य]

पूर्वाभास

[1]

विश्व-विभव की अमर वेलि पर
फूलों-सा खिलना तेरा,
शक्ति-यान पर चढ़कर वह
उन्नति-रवि से मिलना तेरा।
भारत! क्रूर समय की मारों
से न जगत सकता है भूल,
अब भी उस सौरभ से सुरभित
हैं कालिन्दी के कल-कूल।

[2]

हाय! विभव के उस पद में
नियति-भीषिका की मुसकान,
जान न सकी भोग में भूली-
सी तेरी प्यारी सन्तान।
सुन न सका कोई भी उसका
छिपा हुआ वह ध्वंसक राग–
'हरे-भरे, डहडहे विपिन में
शीघ्र लगाऊँगी मैं आग।'

[3]

'महासमर रच भारत! तेरा
सर्वनाश मैं लाऊँगी,
तुझे भस्म करने को भीषण
ज्वाला शीघ्र जलाऊँगी।'
कुरुक्षेत्र, उस प्रलय-क्षेत्र में
रचा गया संग्राम विशाल,
नियति कालिका बनकर आयी
करने को ताण्डव विकराल।

[4]

आह! भाइयों ने भाई से
ही प्रचण्ड खम ठोंका था,
प्रलय-घड़ी थी घोर, बहा वह
सर्वनाश का झोंका था।
खेल-खेल जिसकी गोदी में
प्रिय भारत श्री-हीन हुआ,
हाय! सुभग शृंगार हमारा
जलकर भस्म-विलीन हुआ।

[5]

इधर पार्थ का अग्निबाण था,
उधर पितामह की ललकार,
कर अपना प्रण-भंग चक्रधर
क्रोधित केशव ने की वार।

जिसकी अमित कीर्ति से की
कवियों ने पावन वाणी है,
पद्म-पुष्प यह उसी भक्तवत्सल
की कृपा-कहानी है।

रण-निमंत्रण

[1]

‘इन कौरवों में सन्धि के
शुभ भाव आने को नहीं,
रण-जल बिना अपमान का
यह ताप जाने को नहीं।’
यह सोचकर प्रस्तुत हुए
पाण्डव कठिन संग्राम को,
करने चले ज्यों चूर्ण रिपु
के गर्व-गिरि उद्दाम को।

[2]

भेजे गए अगणित निमन्त्रण
मित्र-भूप ललाम को,
हैं जा रहे अर्जुन स्वयं
श्रीद्वारका-पति-धाम को।
भारत! तुम्हारे ध्वंस के
ये साज सजने को चले,
घनघोर घन आपत्तियों के
ये गरजने को चले।

[3]

पथ में परम सुकुमार ऊषा
का सरस आभास है,
पर, छा रहा भीतर हृदय में,
दीप्त समरोल्लास है।
भरती उमंग असीम है
गांडीवधर के अंग में,
अर्जुन निमज्जित जा रहे हैं
शौर्य-सिन्धु-तरंग में।

[4]

हरि-धाम पहुँचे पार्थ जब
भगवान निद्रा-लीन थे,
देखा, सुयोधन स्तब्ध हरि के
शीश-दिशि आसीन थे।
बैठे धनुर्धर पार्थ जा
हरि के चरण-दिशि भक्ति से,
मानो गए खिंच-से उधर
पद-पद्म की अनुरक्ति से।

[5]

माधव जगे त्यों दृष्टि सम्मुख
जा धनंजय पर पड़ी,
सिर की तरफ बैठे सुयोधन पर
पुनः वह जा अड़ी।
यों देखकर असमय उन्हें
भगवान विस्मित हो गए,
क्षण एक भर फिर मानसिक
निस्तब्धता में खो गए।

[6]

फिर, 'हे सुयोधन, है कुशल!
रहते धनंजय, क्षेम से!'
(कुशलादि मिलते ही सुजनगण
पूछते हैं प्रेम से)।
यों पूछकर पूछी पुनः
इस भाँति आने की कथा,
पाया निमन्त्रण ईश ने
रण के लिए फिर सर्वथा।

[7]

कुरुराज बोला–'शीघ्र जो
ठनने चला संग्राम है,
देना हमारा साथ क्या
उसमें न तेरा काम है?
यद्यपि सदा समदृष्टि रखना
सौम्य लोकाचार है,
प्रथमागमन पर, पर, सखे!
करना तुम्हें सुविचार है।'

[8]

सुनकर इसे भगवान के
आया न कुछ भी ध्यान में,
संलग्न-से वे हो रहे
कर्तव्य के संधान में।
इस ओर लौकिकता खड़ी,
उस ओर प्रेमी पार्थ था,
निज प्रिय जनों का साथ देना
न्याय किन्तु यथार्थ था।

[9]

'गोविन्द, गुरु, युग बीच पूजें
किस चरण-अरविन्द को?
गुरु धन्य निज, जिनने हमें
दिखला दिया गोविन्द को।'
कुछ सोचकर हरि ने कहा–
'प्रिय युगल हो तुम एक-से।
चलना हमें पर, चाहिए
शुचि सत्यता, सुविवेक से।

[10]

'निज हाथ से मैं शत्रुओं को
बन्धु, मारूँगा नहीं,
हे मित्र, इस संग्राम में
मैं शस्त्र धारूँगा नहीं।
पर, पा चुके अर्जुन प्रथम
मेरे नयन के लक्ष को,
करना हमें साहाय्य है,
अतएव दोनों पक्ष को।

[11]

'नारायणी सेना हमारी
है महा बलशालिनी,
समरस्थली में जो करेगी
शत्रु-नाश करालिनी।
अर्जुन तुम्हारे हैं अनुज,
इससे हमें यह चाहिए।
इनसे प्रथम पूछें भला,
दो में इन्हें क्या चाहिए?'

[12]

बोले धनंजय–'एक विधु
बिन लाख उडुगण दीन हैं,
त्यों एक केशव के बिना
पाण्डव मलिन, बलहीन हैं।
तम दूर करने को दिवस को
एक दिनमणि चाहिए,
माधव सिवा हमको भला
संसार में क्या चाहिए?'

[13]

सुन कर इसे कुरुराज की
हिय-कंज-कलिका खिल गई,
'लो, भाग्य के बल से हमें
नारायणी ही मिल गई।
क्यों कष्ट दूँ मैं आपको?
विश्राम घर में कीजिए,
जाना हमें है दूर, बस,
माधव, विदा दे दीजिए।'

[14]

प्रस्थान यों कहकर किया
हरिधाम से कुरुराज ने,
पूछा धनंजय से विहँस यह
प्रश्न तब यदुराज ने।
'मेरे लिये से लाभ क्या?
मैं शस्त्र तो लूँगा नहीं,

हे पार्थ! मत समझो कि लड़कर
मैं मदद दूँगा कहीं।'

[15]

'हे देव! कैसे आप भी
कटु कूट-नीति-प्रवीण हो,
लखने न देते हो हृदय
यद्यपि सदा हित-लीन हो।
अपनी कृपा का भेद क्या
तुम हो सहज ही खोलते?
विभ्रान्त भक्तों का हृदय,
अणु-अणु सदैव टटोलते।'

[16]

कौन्तेय बोले–'जीत तो
होगी कृपा की कोर से,
मैं कब तुम्हें कहता कि तुम
लड़ना हमारी ओर से?
इन बाहुओं में शक्ति है,
तो युद्ध में शरवृष्टि से
सकता मिटा मैं शत्रुओं के
चिह्न पल में सृष्टि से।

[17]

'गांडीव है, फिर गर्व रिपु-
दल का न क्यों गिर जायगा?
हूँ मैं धनंजय, छत्र जय का
क्यों न सिर पर छायगा?

मैं सत्य कहता हूँ प्रभो!
अपनी प्रलय-हुंकार से
सकता मिटा दुर्योधनादिक
दुष्ट को संसार से।

[18]

'पर, आपकी केवल,
दया की दृष्टि ही अनिवार्य है,
जिसके बिना संसार का
होता न कोई कार्य है।
हाँ, लालसा है एक रखता
भक्त यह तेरा सखे!
रण में तुझे बनना पड़ेगा,
सारथी मेरा सखे!

[19]

'करता चलूँगा मैं समर,
तू संग मेरे डोलना।
कर से न लेना शस्त्र, पर
मुख से प्रभो! जय बोलना।'
देखी गई उस काल हरि–
मुख पर हँसी की धार थी।
जो कह उठी, अनुनय धनंजय
की समुद स्वीकार थी।

युद्ध से पहले

युधिष्ठिर :

[1]

'रण के अटल, घनघोर घन से
घिर चुका आकाश है,
हँसता भरत-कुल का परम
उन्मत्त सत्यानाश है।
कैसे झुकें पाण्डव कि कौरव
गर्व खो सकते नहीं?
क्या एक करतल से कभी
भी शब्द हो सकते कहीं?

[2]

'सीमा सहन की पार कर
दबता नहीं जब तूल है,
तब शत्रु-सम्मुख मौन यों,
रहना न छोटी भूल है।
जैसे बने, इन कौरवों का
दर्प निश्चय हार्य है,
अतएव ठन जाना समर का
शीघ्र ही अनिवार्य है।

[3]

‘निज प्राण जाने का तनिक
मुझको न हर्ष-विमर्ष है,
निज वंश का संहार करना
पर बड़ा दुर्धर्ष है।
गुरु, शल्य, मातुल, भीष्म पर
कैसे करूँगा वार मैं?
कैसे करूँगा प्राण-प्रिय
कुरु-वंश का संहार मैं?

[4]

‘हे पार्थ! सोचो तो भला,
बीभत्स कैसा कर्म है?
इस युद्ध से पहले न मर जाना
कहो, क्या धर्म है?
होगा भला दुष्पाप इससे
और क्या संसार में?
वह सुख विजय में है कहाँ,
जो पा रहा हूँ हार में?’

[5]

धर्माधिपति के ये वचन
विष में बुझे ज्यों तीर थे,
जिससे हुए आहत
धनंजय-से महा रणधीर थे।
बढ़ती हुई वर वीरता की
वेलि पर ओले पड़े,

मुरझा गए रवि-रश्मि में
सहसा अमित पौधे हरे।

[6]

छिपता नहीं उर में छिपाये
पर, कभी अनुराग है,
सकती न रुक त्यों द्रोह की
हिय में भयंकर आग है।
उबली कसक त्यों पार्थ की
फिर धैर्य भी जाता रहा,
उन्माद-आसवमत्त हो
इस भाँति तब उनने कहा।

[7]

'हिय में हमारे तो बसा
कर्कश कसक-विद्रोह है,
हे तात! कैसा आपका
इन कौरवों पर मोह है?
कैसा जगा दुर्योधनादिक
दुष्ट पर अनुराग है?
हैं आप पड़ते मोह में,
फूटा हमारा भाग है।

[8]

'किस भाँति भूलें, भूलते
अब भी न वन के क्लेश हैं,
बिखरे पड़े अब भी हमारी
द्रौपदी के केश हैं।

इन धार्तराष्ट्रों के किये
सब सामने दुष्कर्म हैं,
वधना इन्हें यदि पाप है,
तो विश्व में क्या धर्म है?

[9]

'हो धैर्य कैसे? छिड़ गया
हिय-बीच ध्वंसक राग है,
हे तात! अन्तर्देश में
जलती प्रलय की आग है।
लोगे न बदला क्या, कहो–
इस घोरतम अपमान का?
अब भी समय आया नहीं क्या,
धैर्य के अवसान का?'

[10]

सुन वीर-गर्जन भीम को
कुछ लग गई ज्यों आग-सी,
दुर्द्धर्षता से हो चली
निःश्वास की गति नाग-सी।
अपने कठिनतर कोप में
वे शौर्य सरसाने लगे,
कहते हुए यों वज्र-स्वर में
आग बरसाने लगे।

[11]

'अपना अनादर देख कर भी
आज हम जीते रहें,

चुपचाप कायर-से
गरल के घूँट यदि पीते रहें,
तो वीर-जीवन का कहाँ
रहता हमारा तत्त्व है?
इससे प्रकट होता यही,
हममें न अब पुरुषत्व है।

[12]

'बहती न हममें पूर्वजों के
रक्त की क्या धार है?
क्या भीरुता ही पाण्डु के
वर वंश का अब सार है?
क्या उठ गई ध्वंसक वृकोदर
की गदा संसार से?
फट जायगा या नभ नहीं
गांडीव की टंकार से?

[13]

'इन कौरवों के ही किये
सब सामने संताप हैं,
फिर व्यर्थ ही इन दुर्जनों से
मोह करते आप हैं।
संतोष हो कैसे? हरा
अब भी हमारा घाव है,
अब भी शकुनि का याद आता
द्यूत का वह दाव है।

[14]

‘हा, द्रौपदी की दीनता वह
कौन सकता भूल है?
जीवित दुशासन को निरख
होता हृदय में शूल है।
जब कर सकूँगा चीरकर
हृद-रक्त इसका पान मैं
या चूर कर दूँगा सुयोधन का
सभी अभिमान मैं–

[15]

‘जब रँग सकूँगा द्रौपदी
के बाल शोणित धार से,
जब मुक्त कर दूँगा धरा को
पापियों के भार से,
कढ़ आएगी कुरुक्षेत्र में
ज्वालामुखी जब क्रान्ति की,
झाँकी तनिक-सी आएगी
हृद्देश में तब शान्ति की।’

कुरुक्षेत्र में

[1]

संग्राम के सब साज दोनों ही
दलों के सज चुके,
विकराल बंधु-विरोध के
रण-वाद्य सारे बज चुके।
फलने चला मानो विटप
पारस्परिक संघर्ष का,
हँसने चला विध्वंसकारी
सूर्य भारतवर्ष का।

[2]

समरस्थली में सैनिकों का
हो रहा रव रोर है,
कुरुक्षेत्र में भीषण प्रलय का
नृत्य होता घोर है।
यदि पाण्डवों की ओर
धृष्टद्युम्न कर्णधार हैं,
तो कौरवों के भीष्म जैसे
वीर वर आधार हैं।

[3]

रँगती धरित्री नित्य ही
नूतन लहू की धार से,
भूधर भयंकर डोलते
नित ही प्रलय-हुंकार से।
रण-खेत में नित सीस बोकर
स्वर्ग सैनिक जा रहे,
जिनके स्थलों पर नित नये
बाँके सुभट हैं आ रहे।

[4]

गांगेय का नित पाण्डवों पर
शक्र-कोप कराल है,
गाण्डीव को झुकने न देता
किन्तु गोकुल-ग्वाल है।
दुर्द्धर्ष रण के बाद नित ही
पाण्डवों की जीत है,
कुरुराज का चंचल हृदय
नित हो रहा भयभीत है।

[5]

यों आठ दिन अपनी पराजय की
व्यथा उसने सही,
दुख-दीनता की बात आखिर
कर्ण से उसने कही–
'बाबा तथा कृप, शल्य, गुरुवर,
वीर हैं ये किसलिए?

हे मित्र! कह दो, आज तक
क्या हो सका इनके किये?

[6]

'हम जा रहे घटते, हमारा
हो रहा संहार है,
पर, रुक सका क्या आज तक
भी पाण्डवों का वार है?
ये वीर-पुंगव वाक्य के ही
वीर हैं यदि जानता,
तो जम्बुकों की आस पर
हरि से नहीं रण ठानता।'

[7]

राधेय समझाने लगा
कुरुराज को अति प्यार से,
'मैं स्वयं ही घबरा गया हूँ
नित्य की इस हार से।
जिस जोड़ का भट एक भी
दिखला नहीं सकती मही,
वे भीष्म रोक सकें न अरि को,
है बड़ा विस्मय यही।

[8]

'भयभीत वे भी हो गए
अर्जुन-समर घनघोर से?
या फिर गया उनका हृदय,
कुरुराज! तेरी ओर से?

जाकर करो सत्वर सखे,
अतएव उनसे प्रार्थना,
बिगड़ी बनाते हैं सुजन
सुनकर विनय, अभ्यर्थना।

[9]

'नायक बना दो या मुझे
तुमको अगर स्वीकार हो,
अटकी हुई नैया समर के
सिन्धु से यों पार हो।'
सुनकर इसे सत्वर सुयोधन
चल पड़ा सजकर वहाँ–
विश्राम करते रात में
नायक पितामह थे जहाँ।

[10]

जाकर वहाँ श्रद्धा-विनय से,
भक्ति के शुभ नेम से
बोला पितामह से सुयोधन
स्वार्थ-भूषित प्रेम से–
'हे शत्रुसूदन! आपका
हमको भरोसा था बड़ा,
कहिए भला फिर आज क्यों
यह देखना दुर्दिन पड़ा?

[11]

'मिलता न ऐसा वीर कोई
काल के भी धाम में,
जो हो सके विजयी कभी
भी आपसे संग्राम में।

फिर हो रही इन पाण्डवों की
नित्य कैसे जीत है?
क्या आपके उर में नहीं
प्रच्छन्न अरि पर प्रीति है?

[12]

'दुख-द्वेष से या पाण्डवों पर
निज अटल अनुराग से,
मुझ भक्त पर निज कोप से,
या मन्द मेरे भाग से
यदि आप सारे पाण्डवों के
प्राण हर सकते नहीं,
धर्मार्थ भी शरणागतों का
त्राण कर सकते नहीं,

[13]

'तो कर्ण को नायक बना दें
शीघ्र निज पद छोड़ के;
तज शस्त्र बैठें मौन हो
इस युद्ध से मुँह मोड़ के।
संहार वे रिपु का करेंगे,
यह मुझे विश्वास है।
जाती रही है तात! अब तो
आप से जय-आस है।'

[14]

विषमय वचन गांगेय को
ये लग गये अंगार-से,

झंकृत हुआ प्रति रोम ध्वंसक
क्षोभ की झंकार से।
पर क्रोध को रख गुप्त वे
कहने लगे शुभ शान्ति से,
'कुरुराज! व्याकुलता बढ़ी
क्यों व्यर्थ की विभ्रान्ति से?

[15]

'निज शक्ति भर तो आज तक
संग्राम मैं करता रहा,
जितना बना जिन शत्रुओं के
प्राण भी हरता रहा।
पर, 'पाण्डवों को जीत जाना'
यह न छोटी बात है,
गाण्डीव अर्जुन का नहीं
क्या विश्व में विख्यात है?

[16]

'वे हैं लवण-पुतले न, जो
गल जाएँगे कुछ वारि से,
हैं वीर प्रलयंकर, कभी
डरते नहीं त्रिपुरारि से।
तुम-से कुटिल जन तो उन्हें
कायर बताते हैं सदा,
पर, जानता, जिसने कभी
खाई वृकोदर की गदा।

[17]

'कृप, कर्ण, द्रोणाचार्य का
तुमको बड़ा अभिमान है,
जिनके लिए तुमने किया
मेरा यहाँ अपमान है।
रण का प्रसंग विराट का
पर, पूछ तो लेना जरा,
उस पार्थ के सम्मुख कहाँ
वीरत्व था उनका धरा?

[18]

'पर, इस पराभव के लिए
अब चिन्तना निःसार है,
गत को कभी न बिसूरना
पाण्डित्य का आधार है।
सोचो न अपनी हार पर
अतएव कुछ फल के लिए,
दृढ़-चित्त हो चिन्ता करो
कुरुराज! बस, कल के लिए।

[19]

'ले, भीष्म का ध्रुव प्राण विकट
यह भाग्य-लीक समान है,
यह बाण रिपु-दल के लिए,
तेरे लिए यह प्राण है।
कुरुक्षेत्र में कल प्रात ही
घनघोर रण रच जायगा,

रव रोर हाहाकार का
भूखण्ड में मच जायगा।

[20]

'कल आग बरसेगी हमारे
चण्ड, खर शर-चाप से,
विप्लव करेगा नृत्य रण में
कल हमारी हाँक से।
दूँगा न लेने चैन पल भर
शत्रु-सैन्य-समाज को,
लेना पड़ेगा शस्त्र कर में
देखना, यदुराज को।'

[21]

'रण-लालसा निज छोड़ देंगे
पार्थ, भीम महाबली,
मचती रहेगी पाण्डवों के
सैन्य में कल खलबली।'
चुप हो रहे कह भीष्म यों,
कुरुराज हर्षित था महा,
वह चल पड़ा सहचर सभी
थे सो रहे उसके जहाँ।

प्रण-भंग

[1]

कुरुराज की वर व्यूह-रचना
आज भीषण थी बड़ी,
थी द्वार पर टोली भयंकर
वीर लोगों की अड़ी।
कुल पाण्डवों को व्यग्र करते
तीक्ष्ण शरसंधान से,
ऊधम मचाते थे पितामह
वीरवर हनुमान-से।

[2]

वे सालते थे शत्रुओं को
ओजमय संस्फूर्ति से,
ताण्डव मचाते घोर थे
भीषण-प्रलय की मूर्ति से।
जलता यथा तृण-पुंज सूखा
उग्र अनल-ज्वाल से,
जलने लगे सब शत्रु त्यों
उनके विशिख विकराल से।

[3]

भयभीत हो जाता यथा
शिशु वज्र-स्वर-झंकार से,
कँपने लगा त्यों शत्रु-मण्डल
भीष्म की हुंकार से।
जिस ओर जाते लोग बचकर,
भीष्म ही उस ओर थे,
मानो पितामह हो गए
रण-बीच एक करोड़ थे।

[4]

रण रोपने को सामने
कोई कहीं आता न था,
पर, साथ ही रण से विमुख
हो भाग भी पाता न था।
सब ओर सावन की झड़ी-से
गिर रहे बहु बाण थे,
समरस्थली में हो रहे
आकुल सभी के प्राण थे।

[5]

जिह्वा बनी करवाल थी,
गृध्रादि ही वैतालिका,
संग्राम-थल में भीष्म की
रोषाग्नि ही थी कालिका।
कुरुक्षेत्र में वह क्रान्तिकारी
रुद्र का अवतार था,

पहले प्रलय से कर रहा
संसार का संहार था।

[6]

लख शत्रुओं का नाश करते
यों उन्हें जी तोड़के,
चलने लगे वर वीर भी
समरस्थली को छोड़के।
यह देखकर श्रीकृष्ण ने
विस्मित धनंजय से कहा–
'अर्जुन, बता, तब शौर्य का
पावक कहाँ जाता रहा?

[7]

''वध मैं करूँगा भीष्म का',
तेरा कहाँ प्रण आज है?
तेरी उदासी से बिगड़ता
आज का सब काज है।
पूरा न होता दीखता
तेरा सु-क्षत्रिय-कर्म है,
क्या भीष्म से डटकर न करना
युद्ध तेरा धर्म है?'

[8]

बोले कपिध्वज कृष्ण से,
'मेरा कहो, क्या दोष है?
मैं लड़ रहा उत्साह से,
मिथ्या तुम्हारा रोष है।

पर, खेद क्या? होगी सफल
मेरी विजय की कामना,
रथ दो बढ़ा सत्वर,
करूँगा भीष्म का मैं सामना।'

[9]

माधव बढ़ाकर यान को
गांगेय सम्मुख जा अड़े,
फिर पार्थ बोले भीष्म से
यों दैन्य लेकर के बड़े।
'बाबा, कहो, क्यों बज रहा
डंका प्रबल विध्वंस का?
हा! कर सकेगा कौन यों
संहार अपने वंश का?'

[10]

बोले पितामह–'ध्वंस लख
कँपता हृदय क्यों आज है?
रण में दिखाते दीनता,
आती न तुझको लाज है?
तज मोह की बातें सभी,
शर तीव्र धन्वा पर धरो,
हे पुत्र! खर शर-वृष्टि से
संतुष्ट तुम मुझको करो।'

[11]

होने लगा फिर घोर रण
दोनों रथी के बीच में,

गड़ने लगे गिर अश्व, रथ,
आहत रुधिर की कीच में।
बहु मुण्ड कटकर केतु-से
आकाश में उड़ने लगे,
रण-कुण्ड को दोनों रथी
नर-रुण्ड से भरने लगे।

[12]

युग वीर रथियों के कुलम्बों
से बरसती आग थी,
कुरुक्षेत्र में रण-कालिका की
आज, मानो, फाग थी।
यों जान पड़ता था कि अब
धँस जाएगी सत्वर धरा,
फट जाएगा घनघोर रव से
व्योम त्रासों से भरा।

[13]

निज शक्ति भर तो पार्थ भी
करते समर घनघोर थे,
गांगेय क्रोधित काल-से पर
शूरमा बेजोड़ थे।
गाण्डीव की शर-वृष्टि से
कुछ कोप उनको चढ़ गया,
फिर शत्रु का संहार करना
पूर्व से भी बढ़ गया।

[14]

रथ छोड़ वे बढ़ने लगे
रण में लपकते ज्वाल से,
डँसने लगे सब शत्रुओं को
वे विषैले व्याल-से।
विष-वृष्टि में पड़ प्राण प्राणी
शीघ्र ही तजते यथा,
तजने लगे निज प्राण अरि
शर-वृष्टि से आहत तथा।

[15]

करने लगे रण घोर अर्जुन
पर, न कुछ उनका चला,
वह पाण्डु-दल असहाय-सा
जाने लगा फिर भी दला।
उस काल सारे पाण्डवों में
घोर हाहाकार था,
हा, दीनता में दीखता
कोई नहीं आधार था।

[16]

आते न सम्मुख भीष्म के
उस दिन वृकोदर वीर थे,
निज प्राण-रक्षा-हेतु चिन्तित
सब धनुर्धर धीर थे।
यों दीखता ज्यों पाण्डवों का
हो चला विधि वाम था,

उनके मिटाने को रचा यह
भीष्म ने संग्राम था।

[17]

असमर्थता ऐसी न पर
श्रीकृष्ण से देखी गई,
घटना घटी फिर वह कि जो
थी युद्ध में बिलकुल नई।
तोड़ी प्रतिज्ञा कृष्ण ने
विजयी बनाने पार्थ को,
क्या है उचित नय छोड़ना
लखकर स्वजन के स्वार्थ को?

[18]

दुर्द्धर्ष रण गांगेय का
पूर्णेन्दु-सम लेखा गया,
श्रीकृष्ण-क्षोभ-समुद्र जिससे
क्षुब्ध-सा देखा गया।
तज अश्व-डोरी वे चले
रथ-चक्र लेकर हाथ में,
पर जा रहा कोई न था।
रिपु और उनके साथ में।

[19]

टूटे हुए रथ-चक्र में
यम-दण्ड की-सी कान्ति थी,
वह सारथी था या कि
विद्युत-राशि की विभ्रान्ति थी।

अंगार-सा वह वेश 'मोहन' का
महा विकराल था।
छवि का खजाना लूटकर
रण में खड़ा क्या काल था?

[20]

थी चक्षुओं की ज्योति से
खर अग्नि-धारा छूटती,
थी रोष में प्रत्यंग से
ज्वाला-सदृश कुछ फूटती।
वह सृष्टि-नाशक सूर्य-सा
करने चला संहार था,
कँपने लगा उस काल
उसके रोष से संसार था।

[21]

यों देख हरि को क्रोध में
अर्जुन चले रथ छोड़ के,
करने लगे भगवान से बहु
प्रार्थना कर जोड़ के।
'प्रण भूलकर अपना सखे,
क्यों चक्र यों कर में लिया?
मेरे लिए दुष्पाप यह?
हा! देव! तूने क्या किया?

[22]

'है योग्य तेरे क्या यही,
तेरा यही क्या धर्म है?

कैसे हुआ हे देव! तेरे
हाथ यह दुष्कर्म है?'
कह पार्थ ने यों, दीनता से
कृष्ण-पद-पंकज गहा,
रथ हाँकने को यान में
फिर लौट चलने को कहा।

[23]

अपने कठिनतर कोप से
भगवान अस्त-व्यस्त थे,
रण छोड़ विस्मय में उन्हें
लखते सुवीर समस्त थे।
गांगेय के आनन्द का
मिलता न कोई पार था,
पर, घोर शंका में पड़ा
कुरु-वंश का शृंगार था।

[24]

रुक थी गई सुरसरि यथा
लख सामने गिरिराज को,
पा पार्थ को पथ-बीच त्यों
रुकना पड़ा यदुराज को।
गति रुद्ध लख प्रलयाग्नि-से
निज क्रोध में जलते हुए,
रथ-चक्र तजकर व्यग्र हो
करतल युगल मलते हुए।

[25]

केशव फिरे रथ-ओर को
होते हुए मन में दुखी,
अंगार लेकर आँख में,
उर में लिये ज्वालामुखी।
हरि के प्रतिज्ञा-भंग से
निस्तब्ध सारे वीर थे,
कृप, द्रोण, सात्यकि, धर्मराज,
नकुल बहुत गम्भीर थे।

[26]

गांगेय ने धनु-बाण तज कर
भक्त की मुद्रा गही,
कर जोड़कर भगवान से
यह भक्तिमय वाणी कही–
'मत लौटिए, रथचक्र से ही
वार मुझ पर कीजिए,
अब आप अपने बीच मुझको
लीन होने दीजिए।'

उपसंहार

[1]

दीन, दलित, असहाय जनों के नाथ हैं,
भक्तों के भी भक्त सदा भगवान हैं।
ले कुत्सित टीका कलंक की भाल में
आप आर्त्त भक्तों का करते त्राण हैं॥

[2]

था न निन्द्य सुग्रीव-चरित क्या बालि-सा?
क्या न स्वार्थ का उसमें भाव प्रचण्ड था?
किन्तु, मिला प्रणयोपहार सुग्रीव को,
औ' पाया क्यों बालि प्राण का दण्ड था?

[3]

था न विभीषण क्या दोषी दसशीश-सा,
करना बंधु-विरोध नहीं क्या पाप है?
बना वही लंकेश; दशानन मिट गया,
क्या पापों के लिए यही अभिशाप है?

[4]

पार्थ-स्वार्थ के लिए प्रतिज्ञा टूटती,
जगन्नियन्ता का यह कैसा न्याय है?

नहीं मानती बाधाएँ हरि की कृपा
भक्त जहाँ संकट में है, असहाय है।

[5]

हुआ अंत उस महासमर-तम-तोम का,
उषा-सदृश आ मिली जय-श्री पार्थ को।
पर, केशव का वह कलंक अक्षय रहा,
(यदपि बचाने को केवल जन-स्वार्थ को)।

[6]

ज्वलित चिरन्तन-ज्योति-सदृश प्रण-भंग यह
काल-यवनिका में मानो यह कह रहा–
'अपने प्यारे भक्त धनंजय के लिए
केशव ने देखो, कलंक कैसा सहा!'

[7]

महासमर–भारत भू के संहार की
दुखमय गाथा उदधि समान अनंत है।
पर, केशव का कृपापूर्ण प्रण-भंग ही
इस छोटे-से 'पद्य-पुष्प' का अन्त है।
ॐ शान्तिः शान्तिः शान्तिः

[1929 ई.]

स्फुट कविताएँ

शहीद अशफाक के प्रति

[वीर शिरोमणि श्री अशफाक उल्लाह खाँ को फाँसी 19 दिसम्बर, 1927 ई. को फैजाबाद जेल में दी गई थी; किन्तु उनकी शहादत से हम लोग महीनों विचलित और गमगीन रहे थे। उसी दौरान यह कविता लिखी गई थी और यह पटना से निकलनेवाले मासिक पत्र 'युवक' में छपी थी।]

माँ की मीठी गोद छोड़ कर
प्रलय-वेलि पर खिलना,
कितना उन्मद आह! रहा
होगा फाँसी से मिलना!

सुरभि फैल पाई न, मरोड़ी
गई कली जीवन की,
कैसे मुरझ सकी होंगी
वे सरस उमंगें मन की?

ध्वनित हुई होंगी जीवन-
गायन की अन्तिम कड़ियाँ,
कितनी सुन्दर जान पड़ी
होंगी वे अन्तिम घड़ियाँ।

वायसराय की घोषणा पर

[लॉर्ड इरविन ने 25 अक्तूबर, 1929 ई. को यह घोषणा की कि लंदन में गोलमेज सम्मेलन बुलाया जाएगा। भारत के प्रतिनिधि नेताओं ने एक सम्मिलित बयान देकर इस घोषणा का स्वागत किया। नवयुवकों का दल वायसराय की घोषणा के बिलकुल विरुद्ध था। इंग्लैंड में लेबर दल की सरकार थी। लिबरल और अनुदार दलों ने मिलकर इस घोषणा का इतना अधिक विरोध किया कि भारत-मंत्री वेजवुड बेन को कहना पड़ा कि यह बयान और कुछ नहीं, 1917 वाले वक्तव्य की पुनरावृत्ति है। आखिर को ब्रिटिश पार्लमेंट में जो बहस हुई, उससे कांग्रेसवालों का भ्रम दूर हो गया। 1929 में ही लाहौर कांग्रेस में पूर्ण स्वाधीनता का प्रस्ताव पास हुआ। उस समय देश भर में एक जोश था कि आजादी की लड़ाई जल्द शुरू की जाए। यह कविता उसी समय की रचना है। छपने के लिए इसे मैंने 'विशाल भारत' में भेजा था, किन्तु संपादक जी ने बिना कोई मत दिये यह कविता मुझे वापस कर दी। यह कविता अब प्रकाशित हो रही है।]

[1]

टुकड़े दिखा-दिखा करते क्यों मृगपति का अपमान?
ओ मद-सत्ता के मतवाले! बनो न यों नादान।

गर्व की गुरुता में मत भूल,
सिंह है सिंह, श्वान है श्वान।
एक की लोलुपता-अनुरक्ति
दूसरे का यह वचन प्रमाण–
'घास बन्दी-गृह में क्यों खाएँ?
तड़प कर चाहे दे दें प्राण।'

बड़ों का जीवन है उत्कर्ष,
मान पर मिटना ही है मान।

फिर भी जान-बूझकर बनते जाते क्यों अनजान?
ओ मद-सत्ता के मतवाले। बनो न यों नादान।

[2]

सजा रहे सानन्द निर्बलों के विनाश का साज,
गर्व न करना, शक्ति-शृंग पर भी गिरती है गाज।

अरे, ओ अहम्मन्य उन्मत्त!
मनुजता का मत कर अपमान।
शाह नादिर, नीरो हैं कहाँ?
कहाँ है दनुज-रूप वह ज़ार?
फ्रांस का राजमुकुट है कहाँ?
कहाँ है जुल्मी की तलवार?
लोटते भू पर उन्नत भाल,
प्रकृति का है यह नियम महान।
अबल भी बनते सबल-समर्थ,
पतन पर होता है उत्थान।

डूब चुके हैं इसी जलधि में कितने पाप-जहाज।
गर्व न करना, शक्ति-शृंग पर भी गिरती है गाज।

[3]

मिट न सके हैं अभी शहीदी खूनों के वे दाग,
अरे, याद है हमें आज भी जलियाँवाला बाग।

याद देवी 'मैना' है हमें,
याद है 'झाँसी' की वह शान।

याद है 'खुदीराम' सुकुमार,
याद है 'चाकी' का बलिदान।
याद हैं अपने 'मदन-करीम'।
याद हैं 'बिसमिल' औ' 'अशफाक'।
तुम्हारी करतूतें हैं याद।
बना विकसित वन हाय, मसान।

प्रतिहिंसा का भाव फूँकता है अम्बर में आग,
अरे, याद है हमें आज भी जलियाँवाला बाग।

[4]

तेरी बातों में आ जाना बनना है नादान,
भला करेगी कभी न कर्जन-डायर की सन्तान।

याद हैं दाँव-पेंच वे सभी।
याद है क्लाइव की भूचाल।
याद हैं अपनी भूलें हमें
कि जिन पर पछताते हम आज।
रत्न खो-खो कर सीखा ज्ञान,
ठोकरें खा-खा हुए सचेत।
हटा, अपनी माया का जाल,
बनेंगे अब न अरे, नादान।

हमें चाहिए अब न तुम्हारा यह आदान-प्रदान,
भला करेगी कभी न कर्जन-डायर की सन्तान।

[5]

सुना रहे क्या बीन? यहाँ छिड़ता है मारू-राग,
यहाँ धधकती है पल में ही सर्वनाश की आग।

कि जिसकी ज्वालाओं के बीच
बनेंगे शक्ति-शृंग भी क्षार।
उठेंगी लपटें लाल-कराल,
धधक कर धू-धू नभ की ओर।
और उस उथल-पुथल के बीच
वधिक का होगा सत्यानाश।
पढ़ेगा घृणा-सहित यह विश्व,
तुम्हारे पापों का इतिहास।
जलेंगे रुधिर-अस्थि पर्यन्त
तुम्हारे हाथ, वधिक के हाथ;
खून से रँगे हुए ये हाथ।

और जलेगा अरे, पाप का हरा-भरा यह बाग,
यहाँ धधकती है पल में ही सर्वनाश की आग।

[1929 ई.]

अशान्ति

माँ, तेरा अशान्त अंचल।

तेरी इस जगती में बहती
है अशान्ति-धारा अविरल,
करता है परिहास शान्ति का
माँ, इसका कण-कण चंचल।

माना यह, निशि की निद्रा में
मिट जाती इसकी हलचल,
पर क्या तब भी कभी शान्त
हो पाता है माँ! यह हृत्तल?

माँ, तेरा अशान्त अंचल।

उलझन

नील नभ में हँसता यह कौन
तिमिर की मदिरा का कर पान?
तरल सोने की वर्षा-बीच
प्रकृति करती क्यों हँस-हँस स्नान?

गई किसकी माला यों टूट?
गगन पर ये मोती अनमोल?
व्यथित आकर कोई चुपचाप
गया निज अश्रु-खजाना खोल?

निशा के अंगों में ये छिद्र?
आह! कैसी यह निष्ठुर मार?
ओस-कण में रजनी का रुदन
समझता होगा क्या संसार?

अमा का तम-पर्दे के बीच
लजाना कौन सकेगा जान?
समझ पाएगा कैसे विश्व
नील नभ का यह नीरव गान?

लुटाते अपने हाथों नित्य
सुमन सौरभ की निधियाँ खोल।

एक उलझन-सा लगता मुझे
विहँसना ऊषा का अनमोल।

तिमिर का हो जाता संहार,
विश्व की निद्रा जाती टूट।
कौन आकर धीरे से प्राच्य
गगन की लाली लेता लूट?

रश्मि के रथ पर हो आरूढ़
विश्व में बरसाता रवि ताप।
साँझ ही जा छिपता है कहाँ
जला कर जगती का दुष्पाप?

दिवा की है क्यों उज्ज्वल ज्योति?
रँगी क्यों श्याम रंग में रात?
उदासी में भूली-सी साँझ।
मुकुट-मणि दिन का स्वर्ण-प्रभात।

बिछी पद-तल धरणी निःसीम,
और ऊपर अनन्त आकाश।
दीखता इन दोनों के बीच
शून्यता का कैसा आभास?

अनुरोध

जीवन-कली की पँखुरी में गन्ध-से तुम बन्द हो,
नित मन्द गति से घूमते घन-तुल्य हृदयाकाश पर।

प्लावित हुए हैं प्राण, प्रिय, तुम मधुर लय, मृदु छन्द हो,
ऋतुपति, सदा हँसते रहो अपने उपवन-विकास पर।

दृग बन्द हों, तब तुम सुनहले स्वप्न बन आया करो,
राकेश, निद्रित प्राण को भरते रहो आलोक से।

नीरव निलय में नाथ, आकर गान मृदु गाया करो,
भयभीत हो लघु मन नहीं दारुण विरह के शोक से।

नक्षत्रमय ज्यों नील नभ में हँस रहा राकेश है,
अगणित दुखों से पूर्ण जीवन बीच त्यों हँसते रहो।

सूखी लता, मुरझे सुमन, मरुथल बना हृद्देश है,
प्रियतम, विजनता-बीच सौरभ नित्य फैलाते रहो।

लगने न पावे अब कभी उस विस्मरण की कालिमा,
वर दो, सदा धोता रहूँ मन को नयन के नीर से।

एक मजदूरिन के प्रति

[1]

दीनता ने हैं भँवें तानी कड़ी,
भूख ने उसको किया लाचार है।
स्वर्ग की रानी भटकती भूमि पर,
आह, विधि, कैसा निठुर व्यापार है?

[2]

है पड़ा सौन्दर्य सीमित फूल-सा
धूसरित कच औ' वसन के बीच में।
रम्य एक गुलाब काँटों में खिला,
हँस रहा कोई कमल या कीच में।

[3]

पूर्णिमा-निशि का मनोरम चन्द्रमा
है फँसा धूमिल घनों के जाल में।
भस्म में कोई पड़ा अंगार है
या सुमन जाकर छिपा शैवाल में।

[4]

राजमहलों का हुआ विधि वाम है,
झोंपड़ी में बस रही वह कामिनी।

प्राप्त कर मणियाँ रहो नृप! तुष्ट हो।
मुकुट में कैसे बसेगी दामिनी?

[5]

उँगलियाँ नन्ही सुई की धाग पर
खेलने को जो बनाई थीं गई,
वे निरातीं खेत लेकर खुरपियाँ,
कटकों में छिद गईं कलियाँ नई।

[6]

इन्द्रपरियों की सखी! क्यों मौन हो?
क्यों न गाती आज चन्द्रालोक में?
स्वर्ग बाले! यह सुनहला रूप ले
भूलकर आई कहाँ भू-लोक में?

उपासना

नाथ, तुम्हारी इस नगरी में मची बड़ी हलचल है,
अर्चन-साज सजाते सब, घर-घर में चहल-पहल है।

कुसुमांजलि करों में ले सब बढ़े चले जाते हैं,
आह, मगों में एक-दूसरे को दुःख पहुँचाते हैं।

प्रेम-कुंज में यह विरोध की विषम-वेलि फैली है,
उफ, उपासना की गंगा हो रही आज मैली है।

इधर सोच मैं रहा कि खोलूँ पट किस देवालय के?
जीवन-यान उधर भागा जाता है निकट प्रलय के।

अब अनन्त गायन के ये ध्वनि-भंग प्रभो! हों बन्द,
थिरक उठे यह विश्व प्राप्त कर एक ताल-लय छन्द।

एक अनन्त मधुर स्वर में तेरा गुण-कीर्तन गावें,
प्रभो! एक मन्दिर में चलकर सब मिल सीस झुकावें।

अब

[अवसर : महात्मा गांधी की दांडी-यात्रा]

पाप-पात्र भर चला लगे
घनघोर प्रलय-घन घिरने,
राजहंस दल बाँध-बाँध
अब चले वधिक से भिड़ने।

खुला द्वार माँ के मन्दिर का,
बँटती रण-रौली है।
कफन बाँध बढ़ने वालों की
कहाँ आज टोली है?

रणभेरी बज चुकी,
कौन बलि के हित ललचाते हैं?
बाट जोहती माँ
देखें, कितने 'यतीन'* आते हैं?

[12 मार्च, 1930]

---

* यतीन्द्रनाथ दास ने बोरस्टल जेल में 61 दिनों तक अनशन करके वीर-गति पाई थी।

महात्मा गांधी

[अवसर : सन् तीस का नमक-सत्याग्रह]

जग की इस घोर अमा में
फैली कैसी उजियाली?
किन किरणों की आभा से
झिलमिला उठी अँधियाली?

किसका इंगित पा जगती
शैशव की ओर चली है?
मुरझाते विश्व-कुसुम को
फिर करता कौन कली है?

नव-जीवन फूँक रहा है
जग के आकुल प्राणों में,
यह जादू छिपा हुआ है
किस गायक के गानों में?

वंशी की मीठी ध्वनि पर
विषधर-फण नत होते हैं,
कढ़ते न म्यान से असि है,
असहाय वीर रोते हैं।

यह विस्मय बड़ा प्रबल है,
बल को बलहीन रिझाते,

मरने वाले हँसते हैं,
आँसू हैं वधिक बहाते।

असि पर गरदन धरने को
घर-घर से शिशु कढ़ते हैं,
भिड़ने को निठुर वधिक से
अब राजहंस बढ़ते हैं।

यह विश्व-प्रेम का गायन
किस 'ईसा' ने गाया है?
भारत में फैल रही फिर
किस 'गौतम' की माया है?

हँसता 'प्रह्लाद' अनल में
जुल्मी की लख नाराजी,
कोई 'दधीचि' धरता है
अपने प्राणों की बाजी।

जीवन की चिता बनाकर
सुलगाकर भीषण ज्वाला,
जग के इस घोर तिमिर में
करता यह कौन उजाला?

यह कौन नाश के पथ से
इस जग को खींच रहा है?
मानवता के पौधे को
श्रमकण से सींच रहा है?

गूँजती विश्व में तेरी
ऋषि, शान्तिमयी हुंकारें,

कुंठित पड़ती जाती हैं
तीखी असियों की धारें।

मानवता मुक्ति रुधिर की
लथपथ से चाह रही है,
ऋषिराज, विकल जगती यह
तक तेरी राह रही है।

जग के इस धूमिल नभ पर
शिशु-रवि का पुनः उदय हो,
मानवता युग-युग गावे–
'ऋषिराज! तुम्हारी जय हो।'

तलवार की धार पर

[अवसर : जब नमक-सत्याग्रह पूरे उरूज पर था]

पराधीनता की आकुलता की
है यह कैसी पीड़ा?
जरा बता दो, कैसी है
यह आत्म-प्रलय की क्रीड़ा?

अनाचार पर न्याय-नीति का
यह कैसा बलिदान?
कैसी यह धीरता धरा की,
नभ का मौन महान?

बेदरदी से गरदन पर
छुरियों का आना-जाना,
कैसा यह खिलने से पहले,
कलियों का मुरझाना?

माँ के मधुर अंक में ओढ़े
अंचल नील, असीम,
कैसे हैं सो रहे आज ये
अगणित 'मदन-करीम'?*

---

* मदन हिंदू था, करीम मुसलमान था। ये दोनों बच्चे जलियाँवाला बाग के गोलीकांड में साथ-साथ मरे थे। मदन और करीम उस समय हिंदू-मुस्लिम एकता के प्रतीक बन गए थे।

शहीदों के नाम पर

[नमक-सत्याग्रह के समय रचित। भगतसिंह फाँसी चढ़ चुके थे।]

'जय हो' झिलमिल बुझी आरती,
कहाँ पहुँच सत्कार करें?
किस ललाट में करें तिलक?
किस ग्रीवा में जय-हार धरें?

अभी-अभी तो हरे, जुड़े थे
पूजा के सामान यहाँ,
कफन बाँध चल पड़े हमारे
घर को कर सुनसान कहाँ?

रोकें किन्हें? किन्हें जाने दें?
सभी ओर है नाराजी,
गिनो जरा, कितने आए हैं
धरने प्राणों की बाजी।

यह शोखी! माता रोती औ',
मचल गोद को छोड़ चले?
लो ये चढ़े चिता के रथ पर,
वे कब्रों की ओर चले।

वीर बंधु! जा, लेकिन तेरा
जाना हम को याद रहे,

तू न रहे, तेरी यादों से
जमीं यहाँ आबाद रहे।

समरक्षेत्र में ज्यों तूने
रक्खी माँ के मुख की लाली,
त्यों कब्रों में भी स्वदेश–
गौरव की करना रखवाली।

भूलेंगे क्या? तुम्हें भूलना
क्या कम दुखदायी होगा?
माँ के अंचल पर इस खूँ का
दाग चिरस्थायी होगा।

चिता-चिता पर कब्र-कब्र पर
मन्दिर रुचिर बनाएँगे,
बोरस्टल, जलियानबाग
काकोरी में 'जय' गाएँगे।

गूँजेंगी रावी की लहरों
में 'लाला' की हुंकारें,
युग-युग सतलज-बीच बहेंगी
बेगुनाह खूँ की धारें।

आज न तो कल इसी खून से
सुकवि लिखेगा समुद, सहास,
पाप-कथा शासक की, अपना
पावन स्वतन्त्रता-इतिहास।

विनय

सदय-हृदय माँ, एक विनय।

जन्म-जन्म तेरी पावन-
पद-रज का मिले पुनीत प्रणय।
किया करूँ तब गोद-बीच
अभिनय ललाम हो सदा अभय।

देना बलि-भावना और
सेवा-सौरभ से पूर्ण हृदय;
जो कर दे सर्वस्व निछावर
होता तुझ पर देख अनय।

सदय-हृदय माँ, एक विनय।

जिज्ञासा

कविता रसीली कौन नभ-नीलिमा में व्याप्त,
किन लोचनों के अश्रु छाए हैं गगन में?

सरित अलापती है किसका सुहाग-गान?
किसके हृदय के भव्य भाव हैं सुमन में?

ऊषा के मयंक में है किसका निराश रूप?
किसकी उसाँस है निशीथ के पवन में?

चुम्बन में कौन-सी है मादकता? कौन मंत्र
बालिका की सरल, सलज्ज चितवन में?

[पटना, 27-7-30]

कविते! तेरा स्वर्ण-काल वह है कहाँ?

जगती की सुकुमार सरल छवि की छटा
किसी निठुर के अंचल में मुरझा गई।
बाल-विश्व की पुलकाकुल मुस्कान वह
मिटी लहर-सी किसी सरित की गोद में।

मादक शर उर में आ लगे अनंग के,
जगती को युवती-सा हृत्कम्पन हुआ।
पर, न सिहरती अब वह यौवन-भार से,
प्रथम मिलन की मादकता अक्षय नहीं।

कविते! तेरा स्वर्ण-काल वह है कहाँ
अखिल विश्व को जब अपने माधुर्य से
करती थी अभिसिक्त, रसिक जन मुग्ध हो
'धन्य-धन्य' कहते थे पुलक-विभोर-से?

जब ऊषा की एक सरल मुसकान से,
रत्नखचित-नभ के सुमधुर आलोक से,
हरित तलहटी में निर्झर के गान से,
चकित मनुज संताप, पाप थे भूलते।

खग-मृग भी मानव-कुल के परिवार थे,
वन था वैभव-स्रोत, मनुज सन्तुष्ट थे।

सरल-चित्त-जन बसते पर्णकुटीर में,
अहा! विश्व जब एक सरस संगीत था।

कहाँ आज वह जग का स्वर्ण-विहान है?
जगत प्रकृति से दूर नित्य जाता चला।
विश्व विकल है कृत्रिमता की मार से,
अरे, क्रूर विज्ञान! तुम्हारा नाश हो।

इन्द्रधनुष की बहुरंगी छवि में नहीं
आकर्षण, सौन्दर्य, मधुरिमा आज है।
नील क्षितिज का वृत्त रहस्य-विहीन है।
सावन के सुकुमार जलद सुन्दर नहीं।

दिन की उज्ज्वल ज्योति, निशा की कालिमा
ऊषा की मुसकान, उदासी साँझ की,
खिलना, मुरझाना वन में तृण-कुसुम का,
जग के सम्मुख आज न रंच रहस्य है।

कलित कल्पना पंखहीन-सी है पड़ी,
भावुकता का राग कौन सुनता अरे?
जन-समाज की आँखों पर बस तर्क का
बिछा हुआ सुविशाल एक भ्रम-जाल है।

जनता में तुझको अपनी कहते हुए
कविते! होता मुझे बड़ा संकोच है?
पर, निर्जन में तुझे देख हृद्देश में
उठता हूँ मैं फूल अमित अभिमान से।

डरता है प्रेमी जग के अपवाद से,
किन्तु प्रिया का मोह त्याग सकता नहीं।

कहा करे जग शूल सुमन को, किन्तु वह
अलि के हित है सदा फूल का फूल ही।

तर्क-तन्तु से बुना करो भ्रम-जाल नित,
जीवन की उलझन सुलझा सकते नहीं।
शून्य सदन में दीप व्यर्थ बुझ जायगा।
सुमन गिरेगा मुरझ सुगंध बिखेर कर।

घायल जीवन में कैसी सुख-शान्ति है?
उन्मादों में छिपा कौन आनन्द है?
हृदयहीन! तुम क्या जानो, इस विश्व में
कवि-जीवन कैसा सुखमय वरदान है?

[1930]

गीत

कौन पथ जाता तेरी ओर?

[1]

ज्योति-लहर आती जिस पथ से,
उतर रही उषा जिस रथ से,
चलूँ उधर ही क्या करुणानिधि!
चढ़ कर किरण-हिंडोर?
कौन पथ जाता तेरी ओर?

[2]

रत्नों से भूषित नभ-अम्बर,
बुनता विधु किरणों की झालर,
तनिक बढ़ा दे, छू लूँ मैं भी तेरे पट का छोर।
कौन पथ जाता तेरी ओर?

[3]

हँसते कुसुम, चहकते द्विजदल,
ज्योतिमयी सरि का रव कलकल,
खोज रहा, किस उद्गम से आती यह पुलक-हिलोर।
कौन पथ जाता तेरी ओर?

अवलम्ब

अस्त्र-शस्त्र है, सेनापति हैं,
हैं रण के सब साज सही।
चन्द्रगुप्त के साथ किन्तु,
चाणक्य दीखते आज नहीं।

'रिपु तो है दुर्योधन, मातुल
का हम क्यों अपमान करें?'
द्यूत खेलते हैं पाण्डव,
भगवान हाय, कल्याण करें।

हे हरि! होना साथ, शूल
मग के सारे जँचते जावें,
वधिकों के इस स्वर्ण-जाल से
राजहंस बचते जावें।

जीर्ण तरी है, चटुल धार है,
उमड़ रही भीषण आँधी,
हो अधीर मत जननि! लिये
पतवार खड़े तेरे गांधी।*

[16-2-1931]

---

* मोतीलाल जी मर चुके थे। द्वितीय राउंडटेबुल कॉन्फरेंस में ले जाने के लिए जयकर और सप्रू गांधी जी को समझा-बुझा रहे थे। ठीक उसी समय यह कविता लिखी गई थी।

यौवन का अभिमान

[सर डब्ल्यू. स्कॉट की 'प्राइड ऑफ यूथ' के आधार पर]

विपिन में मानिनी युवती कहीं थी घूमती कोई,
किसी मैने से जा बोली, 'हमारा ब्याह कब होगा?'
कहा मैना ने 'रंथी के हिंडोले से उतर कर तू
चिता पर सो रहेगी जब, तुम्हारा ब्याह तब होगा।'

कहा मुग्धा ने, 'मैना! मैं बड़ा उपकार मानूँगी,
बता, सच-सच, कि कोहबर की बनाई सेज है किसने?'
विहग बोला, 'कफन जिसने बुना, उसने बुनी साड़ी;
बनाई सेज उसने ही, रची रंथी-चिता जिसने।

'नदी उस रात भर चुपचाप कोहबर-गान गाएगी।
चमक जुगनू दया कर आरती तेरी सजा देंगे।
मनाएँगे महोत्सव श्वान और श‍ृगाल मिल उस दिन,
'इधर आ मानिनी!' कह कर तुम्हें उल्लू बुला लेंगे।'

विचित्र प्रेम

यह प्रेम-भीख पाने की
आशा धर-धर कर मन में,
खिल-खिल पड़ती हँस-हँस कर
रवि के स्वागत-चिन्तन में।

झुलसा देता ज्वाला से
नलिनी को वह अभिमानी,
फिर छोड़ चला जाता है
आशा पर देकर पानी।

उत्सुक हो शशि आते हैं
ले कान्त किरण की माला,
नलिनी सकुचा जाती है,
कैसा यह प्रेम निराला?

कवि से

[1]

नन्दन-निकुंज में तो ज्वाल जलती है आज,
कैसे दे रहे हो श्रेय कंज-कमलेश को?
मूल-क्षय होता जा रहा है तरु का सदैव,
सींच-सींच पाओगे क्या शाखा पत्र-देश को?
शेष न शरीर में है रक्त-मांस का भी लेश,
सुन्दर बनाते हो क्या खाक निज वेश को?
काव्य का सँवार लेना सुभग स्वतन्त्रता में,
आओ, आज मिलकर सँभाल लें स्वदेश को!

[2]

कटते कलेजे तेरे कमल-सरीखे यदि
कुंज-बीच कोकिला वियोग-गान गाती है।
देख-देख निर्ममता शशि की चकोर प्रति
आँख से तुम्हारी अश्रुधार चल जाती है।
मालिन मरोड़ती है नव्य कलियों की डाल,
कलिका कलेजे की तुम्हारी मली जाती है।
परतंत्रता की ज्वाल-बीच जलती है अम्ब,
देख-देख होती छिन्न-भिन्न क्यों न छाती है?

[1929]

ताण्डव

[1]

क्षितिज के छोर पर ऊधम अखण्ड देख
हो सभीत धीरता दिशाएँ आज खोती हैं।
सुन डमरू का ध्वंसनाद डोलती है धरा,
निरख त्रिशूल-तेज रवि-रश्मि रोती है।
विकट फणी की फुफकार से प्रलै की आँधी
निकल के साज सर्वनाश का सँजोती है।
प्रलै-घड़ी है घोर, ताण्डव के मिस आज
विप्लव-विहारी से विनष्ट सृष्टि होती है।

[2]

उड़ते उदग्र हो के सर्पिणी-जटा के जूट,
परम प्रचण्डता में गंगा की हिलोर है।
लोहित-ललाट बीच अग्निशिखा राजती है,
खोज रहा छिपने की राह चन्द्र-चोर है।
डुल के डुलाती सृष्टि चण्ड नर-मुण्ड-माल,
गूँजता धरा पै रुद्र-शृंगी रव-रोर है।
छाई अंग-अंग में उमंग भंग की है भूरि,
करता अघोर ध्वंसमूर्ति नृत्य घोर है

प्रण-भंग

त्राहि-त्राहि कर त्रस्त जग, तजे प्राण की आश।
छोड़ सखे! इस सृष्टि का कर दूँ सत्यानाश।

[1]

त्राहि-त्राहि करता अधीर हो कँपेगा विश्व,
रण में प्रलै का ऐसा चक्र मैं चलाऊँगा,
गाड़ूँगा उखाड़ तीन-लोक सिंधु-तल बीच,
सिंह-सा दहाड़ शत्रु-सैन्य दहलाऊँगा।
भीषणता भीष्म की भुलाऊँगा प्रचण्ड हो के,
सृष्टि को मिटा के आज मन बहलाऊँगा।
छोड़ूँगा कहाना बन्धु! विपिनविहारी आज,
विप्लवविहारी विश्व-बीच कहलाऊँगा।

[2]

बन के सहस्र-नेत्र देख ध्वंसकारी खेल,
विधि की विडम्बना में आग लग जाने दे।
साथ न सुदर्शन, परन्तु रथ-चक्र से ही
शत्रुओं के बीच ध्वंस-भ्रंश मच जाने दे।

अतुल, अखंड व्योम से हो खंड-खंड आज
सविता-शशी को बन धूल झड़ जाने दे।
गाने दे प्रलै का गान, छाने दे विजै का छत्र
अर्जुन! मुझे तू सत्यानाश तो मचाने दे।

[1929]

वीर

[1]

ममता प्रिया की, मोह सुत का न भाता उन्हें
दीन-दलितों से नाता नेह का लगाते हैं।
जाति की नसों में ताजा रक्त भरने को वीर
चीर के कलेजा रक्त अपना बहाते हैं।
सेवा की सुगंध-भरी जीवन-कली की भव्य
जन्म-भूमि वेदिका पे भक्ति-भेंट लाते हैं।
शत्रु को सुला के खोजते हैं फिर सीस निज,
प्रण को बचाते, पीछे प्राण को बचाते हैं।

[2]

रुण्ड रिपुओं का ले के रण-कुंड पाटते हैं
मुण्ड की पताका काट-काट फहराते हैं।
ज्वाला की प्रचण्ड लाल लपट-सरीखे वीर
दौड़-दौड़ शत्रुओं की शक्ति चाट जाते हैं।
सिंह-से दहाड़ते हैं रण-भूमि में प्रमत्त,
लाल-लाल आँखों से अंगार बरसाते हैं।
शोणित-समुद्र में रँगाते चीर माँ की चारु,
नभ से उतार इन्दु आरती सजाते हैं।

सेज सुमनों की छोड़ काँटों पै बढ़ाते पैर,
माता की फकीरी में महान मोद पाते हैं।

सेवा की सुगंध से प्रमत्त करते हैं मन,
घूम-घूम जनता में अलख जगाते हैं।
शलभ-सरीखे होम-कुंड में चढ़ाते शीश,
वैरियों में भीरुता के भाव उपजाते हैं।
सुमन खिलाने को स्वतन्त्रता का, शोणित से
वीरवर विप्लव की वेलि पनपाते हैं।

आकाशवाणी

आऊँगी प्रलय के बाद, नूतन रचूँगी सृष्टि,
गर्त में गिरे जो, उन्हें ऊपर उठाऊँगी।
कोमल करों से शक्ति-शृंग को करूँगी क्षार,
खुल के खलों के खड्ग कुण्ठित बनाऊँगी।

पल में पाताल पैठ लाऊँगी सुधा की राशि,
'मदन', 'करीम'-जैसे लाल को जिलाऊँगी।
प्राची में उगाऊँगी मैं परम प्रदीप्त भानु,
सोते से स्वतन्त्रता को शीघ्र ही जगाऊँगी।

धधक होलिके!

धधक, धधक वीरों की तीखी
तलवारों की धारों में।
धधक, धरित्री की छाती पर
धौंसों की धुधकारों में।

उथल-पुथल करने वाली
घनघोर प्रलय-हुंकारों में।
धधक, क्रुद्ध, कर्कश भुजंग-
से वीरों की फुंकारों में।

ओजस्वी बलि की उमंग से
भरे हुए उद्गारों में।
धधक, पुत्र के वधकारी–
माता के दिव्य दुलारों में।

पाप-पात्र भरने वाली बहती
शोणित की धारों में।
धधक, अमर मर कर होने
वाले संदीप्त विचारों में।

खिलने के पहले मुरझाने
वाले कुसुम-कुमारों में।

धधक, जलियाँबाग-बीच –
उन बीती हुई बहारों में।

दलित अछूतों की आँखों
में दहक रहे अंगारों में।
धधक गरीबिन विधवाओं की
आहों, हाहाकारों में।

अर्जुन के उस अग्निबाण में
दादा की ललकारों में।
धधक, चक्रधर क्रोधित केशव
की प्रचण्ड हुंकारों में।

मैक्स्विनियों के अग्नि-भाव
मेजिनियों के इजहारों में।
धधक 'लाजपत' के जीवन-
सागर के अन्तिम ज्वारों में।*

* मैक्स्विनी आयरलैंड के क्रांतिकारी नेता थे, जिन्होंने पचहत्तर दिनों तक अंग्रेजों की जेल में अनशन करके शहादत पाई। मेजिनी इटली के देशभक्त चिंतक थे। लाला लाजपत राय ने साइमन कमीशन का बहिष्कार करते हुए सीने पर लाठी खाई और उसी से उनका देहांत हुआ।

होलिका-प्रबोध

परम प्रमत्त गर्व-गिरी को कँपा दे आज,
क्रान्ति-सी मचा दे कालिका-सी कर काँय-काँय।
ध्वंस में मिला दे आँधी बन कंस-कोट केतु
कर के प्रचण्ड रोर साँपिनी-सी साँय-साँय।

आहुति चढ़ा दे होम-कुण्ड में खलों की खूब
ऐ री भीषिके! तू डाक डाकिनी-सी डाँय-डाँय।
प्रलै बुलादे घोर ज्वाला की जगा के जीभ,
होलिके! मचा दे नृत्य धू-धू-धक-धाँय-धाँय।

अनुचित होली

मची मुहर्रम घर में जिसके,
यह उसकी होली कैसी?
श्याम नहीं हैं, फिर ब्रज-बालाओं
की रँग-रोली कैसी?

सारा सुख-सामान हमारा
मिट कर अब अभिलाष हुआ।
दूर-दूर ऋतुपति! तेरा
नन्दन वन जल कर खाक हुआ।

रंग छिड़क क्या इन्द्रपुरी
की ललनाएँ मन मोह रहीं;
आओ, मदन, करीम,
जालियाँ तेरा ही पथ जोह रहीं।

पिंजड़े का तोता

मरुथल पार वीर विश्वंभर
की विभूति में लीन हुआ।
वधिक देखता रहा, अहा,
वह विहग-बाल उड्डीन हुआ।

मोम-दीप का पिघल-पिघल
मिटने का ढंग नवीन हुआ।
माँ, क्या कहूँ? तुम्हारा तोता
पिंजड़े में स्वाधीन हुआ।*

* श्री रामचरित्र शर्मा मेरे परम प्रिय मित्र थे। नमक-सत्याग्रह के सिलसिले में उन्हें सन् 1930 ई. में छह महीनों की सजा हुई थी। वे भागलपुर की केंद्रीय जेल में थे। वहीं उनका देहान्त हो गया।

शोक-काव्य

[1]

कविते! तेरी विभवपुरी में एक बार फिर आज,
सहस-स्रोत बन फूट रहे हैं रुदन गान के व्याज।

आज फिर उमड़ा सिंधु अशान्त,
उगा उस संस्मृति का राकेश।
वेदना के निर्मम आघात
बनाते जाते हृदय अशान्त।
हमारी हृत्तंत्री से आज
निकलती है व्याकुल झंकार।

बार-बार पलकों में सजता पावस का सामान,
आहों के मिस उमड़-उमड़ कर उड़ते मेरे गान।

[2]

उठती वय थी, और सामने था सारा संसार,
उस अबोध ने मृत्यु, बढ़ाया था कब तुमसे प्यार?

कि जिस से उन हाथों से हाय,
छुड़ाया प्रेम-सूत्र का छोड़।
दिखा अपनी माया का जाल
उसे खींचा विरक्ति की ओर।

कुसुम-कुल का यह विभव-विलास
भुला भी सका न अलि का ध्यान।
मधुर यौवन का पहला राग
बना जीवन का अन्तिम गान।

'आओ' सुनते ही 'बन्दे' कह लौट चला मेहमान,
अरे, छिपा संध्या के अंचल में वह स्वर्ण-विहान।

[3]

कहाँ आज वह प्रेम-पूर्ण उर का मधुमय उच्छ्वास?
जीवन की शय्या पर यौवन का वह हास-विलास?

आज सुख की घड़ियाँ वे कहाँ?
बाल-सहचर का वह आनन्द?
सखे! जीवन-गायन की मधुर
कहाँ हैं वे कड़ियाँ, वे छन्द!
जवानी का अल्हड़पन कहाँ?
कहाँ तेरा तन पुलक-विभोर?
बंधु! इस उपवन को कर शून्य
चले किस नन्दन-वन की ओर?

अरे, अचानक किस पतझड़ में छिपा वसन्त-विकास?
मुरझ गया किस अंचल में यौवन का हास-विलास?

[4]

भरी प्रेम-मकरन्द नवेली कलिका-सी सुकुमार,
प्रिया छोड़ कर चले कहाँ पाने को किसका प्यार?

कुसुम का कुटिल शूल के साथ
आज कैसा विनिमय नूतन?

रूप का यह कैसा अपमान?
आज कैसा यह परिवर्तन?
मधुर जीवन का कैसा आज
लक्ष्य की वेदी पर बलिदान?
हृदय की निष्ठा कितनी कड़ी
कर्म का यह कैसा आह्वान?

सर्वनाश में सखे! मिला क्या तुम्हें सृजन का प्यार?
और प्रलय में ही हँसता था क्या जीवन का सार?

[5]

जीवन की निद्रा से जग तुम गए बन्ध के पार,
सखे! गूँजता है उस जग में क्या यह हाहाकार?

यहाँ रोते हैं तेरे 'नन्द'
छिनी जिनकी आँखों की ज्योति।
बिलखती 'यशुदा' व्यग्र, अधीर,
अंक का जिसका छिना दुलार।
सिसक कर रोते सारे सखा,
गया लुट जिनका संचित प्यार।

रोती है 'राधिका' माँग को देख-देख सुनसान,
विरही कवि लिखता रो-रो कर आँसू का आख्यान।

[6]

प्रेम-पत्र पर मसि बन बहता था जिससे आनन्द,
उसी लेखनी से लिखता हूँ आज शोक के छन्द।

हाय रे, परिवर्तन विकराल,
किये थे मैंने कैसे पाप?

निठुर विधि का यह कैसा न्याय?
नियति का यह कैसा अभिशाप?
भाग्य का कैसा तीखा व्यंग्य?
काल का यह कैसा उपहास?

चले गए तुम, किन्तु, अचल हैं अब भी मेरे प्राण,
न तो धरा फटती, न टूटता नभ का मौन महान।*

[1930]

मूक बलिदान

[भगतसिंह की मृत्यु के बाद]

कितने वीर चढ़ा चुपके-से
प्राणों के उपहार चले।
सूने में सौरभ बिखेर कर
कितने कुसुम-कुमार चले।
एक 'भगत' के विरह-दाह में
रोते हैं हम हतभागे।
कौन कहे, चुपके, से कितने
'भगत' छोड़ संसार चले?

[1931]

विदाई

कली, अब वन तज चला वसन्त।

[1]

चिर-वियोग-भय से अति कातर
कोयल कलप रही डालों पर।
ऋतुपति के पट-पीत सँजोकर
बिलख रही विक्षिप्त वन-श्री विदा माँगते कन्त।
कली, अब वन तज चला वसन्त।

[2]

मानिनि! सुरभि-मरन्द छिपा कर
रही कृपण-सी आँख बचाकर,
व्यर्थ चूमने को ललचाकर
अति उदास अलि चले निराशामय है अखिल दिगन्त।
कली, अब वन तज चला वसन्त।

आत्महत्या के प्रति

यंत्रणाओं का पी मकरन्द
बनूँ मैं विपद-विपिन का फूल।
बनी मालिनि आना हे देवि,
चयन करना, मत जाना भूल।

शेष हो जिसका अन्तर-स्नेह
बनूँ मैं उस प्रदीप की कांति,
हवा अंचल से कर हे देवि,
बुझा जाना देने को शान्ति।

शक्ति के तार न जिसमें बचें,
बनूँ मैं उस वीणा की तान।
सभी तारों को तोड़-मरोड़
बन्द कर देना जीवन-गान।

कहीं दूँ अन्यायी का साथ
स्वार्थवश धर्मवृत्ति कर भंग,
नींद ऐसी बन आना देवि,
सुलाना मृत्यु-वधू के संग।

समय पर दे न सकूँ यदि सीस,
जननि का करने को उद्धार,
न देना तन पर रहने इसे,
देवि! मानूँगा मैं उपकार।

[1929]

आस्वान

[1]

आ, इस उजड़े-से उपवन में
मेघपरी मतवाली, आ।
आ, मेरे उदास नभ पर
संध्या की हल्की लाली, आ।

[2]

आ, मेरे इस अंधकारमय
जग में राकापति सुकुमार!
आ, अपने प्यारे अतीत की–
याद दिलाने वाली, आ।

[3]

बरस रही आँखें जीवन में
वर्षा ऋतु लाने वाली!
आ, जा, अरी, व्यथित उर
के घावों की प्यारी, हरियाली!

करुण कहानी

दिनमणि खड़ा पतन-पथ पर
था अस्ताचल की ओर,
ममतावश पकड़े था संध्या
के अंचल का छोर।
धूमलोक में खड़ी प्रकृति
पश्चिम की ओर निहार,
उमड़ी आँखें देख रही थीं
निज सुवर्ण-संसार।

मैं था उलझ रहा जगती के
सरस रूप चिन्तन में,
नीरवता के वर-स्वरूप थी
उलझन मेरे मन में।
इतने में रोता-गाता आ
गया वहाँ अलि एक,
उठा देखकर उसे हृदय में
करुणा का उद्रेक।
मैंने कहा, 'मधुप मतवाले,
क्यों रोते जाते हो?
मर्मवेदना के गीले क्यों
दुखद गान गाते हो?'
ठहर गया वह मुझे देख,
सुन मेरी रसमय वाणी।

फिर बोला, 'क्या सुनी न तुमने
मेरी राम-कहानी?

'मैं हूँ वह, जिसने सुख-नभ–
पर देखा नहीं सबेरा।
किसी वेदना का अक्षर है
श्वास-श्वास यह मेरा।
उपवन वही उधर का है
अति सुन्दर सदन हमारा।
इसी विपद-नभ बीच उगा था
प्रथम-प्रथम यह तारा।

'बचपन का आनन्द कहूँ क्या?
हरी-भरी थी क्यारी।
खिल-खिल कर हँसती थी उसमें
कलिका एक दुलारी।
हे कवि! मैंने किसी बुरी
सायत में उसको देखा।
वही देखना बना आज
मेरी ललाट की रेखा।

'देखा उसे, स्नेह से देखा,
हृदय लुटाया, प्यार किया।
एक बार का उसे देखना
ने मेरा संहार किया।
जीवन के उस उषःकाल में
ही विनष्ट संसार किया।
उसे प्यार करने को ही मैंने
अपने को क्षार किया।

'मुझे याद है, बाल्य काल का
वह अपना हिलना-मिलना।
गुन-गुन-गुन कर मेरा गाना,
हँस-हँस कर उसका खिलना।
पर, ज्यों, बड़े हुए, त्यों मेरा
उदित पूर्व का पाप हुआ।
विधि ने विलग किया दोनों को,
यह कैसा सन्ताप हुआ?

'मधु के हित उपवन में जाकर
गरल कुसुम-दल में पाया।
अरे, कहूँ क्या सरस प्रेम ही
सर्वनाश मेरा लाया।'
यों कह चला मधुप मतवाला
उड़कर कुंज-कुटीरे।
मैं भी उठा, चला मन-ही-मन
रोता धीरे-धीरे।

सुन्दर था निशि के अंचल में
संध्या का मुरझाना।
सुन्दर था उस व्यथित मधुप का
दुखमय रोना-गाना।
किन्तु, आह कितनी सुन्दर थी,
उसकी अन्तिम वाणी!
अमर छन्द में लिख देना कवि।
मेरी करुण कहानी।'

[1928]

पुष्प-विलाप

मधुप विमोहित हुआ न लख कर,
देख न गए रसिक जन भूल।
सका न कर सुरभित कानन को,
व्यर्थ कहाया जग में फूल।

बिखर पड़ा, लो बिछुड़ डालियों
से पाने पृथ्वी का प्यार।
पिघल न पड़ी किन्तु वह लख कर
मेरी धर्म-व्यथा का सार।

निठुर! सजाए किन हाथों से,
हा, ये परिवर्तन के साज?
खिला विहँस कर था उपवन में,
रोकर मुरझाता हूँ आज।

निर्गन्ध फूल

सुरभि-रहित, मकरन्दहीन हूँ,
मुझमें कान्ति-पराग नहीं।
मधु-लोभी मधुकर-वृन्दों का
मुझे प्राप्त अनुराग नहीं।

रसिक पिरोते दया-दृष्टि कर
मुझ-जैसों का हार नहीं।
बाल-युवतियाँ इधर भूल कर
आतीं करने प्यार नहीं।

सबका भाव यही कि
रंक जीवन में कोई सार नहीं।
अरे, बना था क्या दुखियों के–
लिए निठुर संसार नहीं?

निठुर देवता, तुम क्यों सुनते
मेरी करुण पुकार नहीं?
तोड़ अग्नि में फेंक जला दो,
होगा कम उपकार नहीं।

[1927]

आँसू

किस वारिद के तप्त बिन्दु,
किस अन्तरिक्ष के तारे?
किस उपवन में नन्हे-नन्हे
खिले कुसुम तुम प्यारे?

किस वियोगिनी के मन की
आशा के कोमल कण हो?
किस कुबेर के गड़े खजाने
से तुम निकले धन हो?

क्यों अक्षर बन निकल रहे
पीड़ाओं की भाषा के?
रँग-से रहे चित्र विरही की
रोती अभिलाषा के।

बाँध तोड़ बह चले कहो,
पावस की किस सरिता के?
बनकर चरण चले कवि की,
किस कराहती कविता के?

किस ठंडे मस्तक में अब तक
जमे रहे हिम होकर?
किस गर्मी से पिघल-पिघल
चूते हो धीरज खोकर?

[1927]

मधुरता

[1]

मधुर निर्जन वन का तृण-कुसुम,
मधुर पतझड़ का मर्मर-पात।
मधुर बुझते दीपक की ज्योति,
मधुर है आँखों की बरसात।

[2]

मधुर जनहीन, शून्य, मरुदेश,
जहाँ रोता निशीथ में पवन।
मधुर उर का नीरज चीत्कार,
मधुर विरही के निष्प्रभ नयन।

[3]

मधुर संध्या का तारा प्रथम,
मधुर रजनी का अन्तिम गान।
मधुर अति मधुर, निराशा बीच
व्यथामय जीवन का अवसान।

[4]

मधुर मृदु उर की पहली ठेस,
मधुर भावुकता का अपमान।

मधुर मकरन्दों से भी अधिक
प्रेमियों के घायल अरमान।

[5]

मधुर कविता आँसू से भरी,
विपंची की रोती झंकार।
मधुर है अन्तस्तल की जलन,
मधुर है कवि-जीवन सुकुमार।

विदा

किसने कहा—दूज के विधु की क्षणभंगुर मुस्कान, विदा।
रोती वनदेवी अधीर, ऋतुपति के कुसुम-वितान, विदा।

कलिके, अब अलियों से चुम्बन का आदान-प्रदान, विदा।
अरी कोकिले, सँभल, माँगती तेरी पंचम तान, विदा।

मेरे क्षणिक विभव की मादक घड़ियों के सामान, विदा।
'आओ' सुनते ही 'वन्दे' कहने वाले मेहमान, विदा।

विदा, अधखिले ही मुरझाने वाले मिलन-कुंज के फूल।
संध्या के अंचल में छिपने वाले स्वर्ण-विहान, विदा।

विदा, प्राण-वंशी से गाने वाले आकुलता के राग।
एक साथ देने वाले अभिशाप और वरदान, विदा।

विदा, उमंगों की तरंग, मादकता के आख्यान, विदा।
आहों के मिस उमड़-उमड़ कर उड़ने वाले गान, विदा।

उत्सुकता की आग, लालसा की उत्फुल्ल उफान, विदा।
सभी जायँ, पर, तू न माँग, मेरे घायल अरमान, विदा।

कविता

अरुणोदय से प्रथम चमक
उठता प्राची का स्वर्ण-सुहाग।
वर्षागम से प्रथम गगन में
उठता गूँज जलद का राग।

फल से प्रथम मंजरी से
झुक जाती आमों की डाली।
प्रथम मिलन की उत्सुकता से
भर जाती हिय की प्याली।

मेरे मानस के प्रदेश में
उठता भावों का तूफान।
उर का बाँध तोड़ बहती
कविता बन भावुकता अनजान।

[1932]

मगध की ओर से

गगन गा रहा धीमे स्वर से
मेरी जिस गरिमा का गान,
सुन-सुन जिसे विकल हो उठते
क्षण-क्षण देवसरित के प्राण;

उस अतीत गौरव से मेरा
कौन स्वरूप सँवारेगा?
विजय-वर्तिका जला
आरती मेरी कौन उतारेगा?

अब जागृति के स्वर्ण-काल में
मेरा अमर स्वर्ण-संदेश
किस 'अशोक' की पृथुल बाँह चढ़
प्रसरित होगा देश-विदेश?

चढ़ आवे यदि आज देश पर
फिर कोई अत्याचारी,
गरज उठेगा कौन—अभी
जीवित है मगध-शक्ति सारी?

‘सैल्यूकस’ है खड़ा, विजय दिन
कहो, कौन लाएँगे?
मेरी गोद-बीच फिर से
कब चंद्रगुप्त आएँगे?

[1930]

तपस्या

[रैमजे मैकडोनाल्ड ने जब यह निर्णय दिया कि चुनाव के मामले में हरिजन सवर्ण हिंदुओं से पृथक् समझे जाएँगे, तब गांधी जी ने एक महान अनशन आरंभ कर दिया। उन्होंने हरिजनों को हिंदू समाज में बनाये रखने के लिए प्राणों की बाजी लगा दी। यह कविता उसी समय लिखी गई थी।]

आज हुंकरित हुआ कठिन
युगधर्म करुण अन्तर में;
गूँज उठी प्रभु की वाणी
ऋषिराज! तुम्हारे स्वर में।

भूखे, नंगे, दीन बन्धुओं
पर लख अत्याचार;
दीनबन्धु की आँखों से
फूटी करुणा की धार।

बीस कोटि के संचित अघ को
एक वीर ने ललकारा;
ओ प्रणपाली भीष्म! चकित है
तुझ पर भूमंडल सारा।

आज मंत्र-द्रष्टा भारत में
फैल रही फिर उजियाली;
तेरे तप की अग्नि-शिखा की
दिशा-दिशा में है लाली।

खेल रहा अपने प्राणों पर,
प्रभु दधीचि का त्राण करें,
ईसा चढ़ा क्रूस पर फिर से,
दैव, हाय, कल्याण करें।

वीर भगीरथ! तेरे तप से
माँ फूली न समाती है;
भारत के उद्धार हेतु
गंगा भूतल पर आती है।

जाग रहे ऋषिराज! आज हम
इन तीखे आह्वानों से;
बनता है इतिहास देश का
इन भीषण बलिदानों से।

धो दे भारत का कलंक
तेरी आँखों का पानी;
लिख दे यह बलिदान
हमारी प्रायश्चित्त-कहानी।

[1933]

अश्रु-गीत

बीन तो दे दी, कहो, पर, आज मैं क्या गीत गाऊँ?
गान से पहले हृदय का भार कुछ रोकर बहाऊँ।

उर से उमड़ती आ रहीं,
दृग में घटाएँ छा रहीं,
छू दो, अगर चाहो, पदों पर आज ये निधियाँ चढ़ाऊँ,
बीन तो दे दी, कहो, पर, आज मैं क्या गीत गाऊँ?

तुमको मिली सित चाँदनी,
पावस-अमा मुझको घनी,
तुम व्योम-कलियों में हँसो, मैं ओस में रोऊँ, रुलाऊँ,
बीन तो दे दी, कहो, पर, आज मैं क्या गीत गाऊँ?

वह स्वप्न अब गोतीत है,
क्रन्दन यहाँ संगीत है,
ठहरो, जरा दिल थाम कर मैं तार पर आँसू बजाऊँ,
बीन तो दे दी, कहो, पर, आज मैं क्या गीत गाऊँ?

वाणी शिथिल ठहरी हुई,
मन की कथा गहरी हुई,
रस से लबालब मौन उर, जादू कहो मैं क्या बताऊँ,
बीन तो दे दी, कहो, पर, आज मैं क्या गीत गाऊँ?

सहना कठिन अब हूक री!
कोयल हमारी कूक री!
सीना फटे दो टूक, शर-सी तान बन नभ में समाऊँ,
बीन तो दे दी, कहो, पर, आज मैं क्या गीत गाऊँ?

[दलसिंह सराय, जून, 1935]

फूल की जंजीर

फूल की जंजीर देना।

तोड़ते मधु-भिक्षु कब बंधन सुमुकुलित पद्म का?
प्रेम के वन्दी भ्रमर को फूल की जंजीर देना।

शल्य हो स्मृति का हृदय में, दर्द यह जीता रहे,
जो रहे युग-युग अमर, वह प्रेम की मधु पीर देना।

अश्रु-सर-हिय से उठे रोती-विलपती रागिनी,
आह भी हो लयवती, दिल की रगें यों चीर देना।

प्राण-मावस भर जलो उर-पद्म पर तुम वर्तिके!
विश्व से माँगूँ विदा, तब साथ निज तस्वीर देना।

फूल तो अलि के लिए अब तक कभी रोया नहीं,
तब कहूँ कैसे, विदा दिन लोचनों का नीर देना।
फूल की जंजीर देना।

[मीरगंज, जुलाई, 1935]

विरह-योगिनी

मैं योगिनि निज राम पिया की।

[1]

अम्बर छान धरणि पर आई,
निशि-छवि देख मुदित अकुलाई!
ज्योत्स्ना-धौत सरित, तृण, तरु, बन
प्रति छवि मम पिय की परछाई।

मैं पगली निशि भर चूमी
फूलों में मधुर विभा रसिया की।
मैं योगिनि निज राम पिया की।

[2]

मेरे अश्रु, जगत के सावन,
उर-कम्पन, तारों के स्पन्दन।
विरह निरावधि, मैं मतवारी,
चिर-तरुणी, बाबली, व्यथितमन।

युग से कूक रही वन-वन
कोयल बन मेरी हूक हिया की।
मैं योगिनि निज राम पिया की।

[3]

पग-ध्वनि बजा जलद-रमझम में,
उझक झाँक छिप कुसुम-कुसुम में
निकट दूर उग क्षण-क्षण प्रियतम
जाते डूब अगाध, अगम में।

तलफ रही किस विध पाऊँ
फिर गोद मधुर बालम छलिया की।
मैं योगिनि निज राम पिया की।

[मीरगंज, जुलाई, 1935]

हिमर्षि राजेन्द्र

सब कहते, तुम सहनशील, तुम निरनल, तुम हिमशीत,
तुम न हलाहल, तुम न वह्नि, तुम शीतल वारि पुनीत।

पर, तुषार, नवनीत, मृत्ति, निरनलता के उस पार,
मुझे दीखती खुली, चमकती भारत की तलवार।

भारत की तलवार, न्याय के दर्शन की प्रतिमान।
भारत की तलवार, धर्म की आभा-सी द्युतिमान।

भारत की तलवार, त्याग-सी तप्त, मृत्यु-सी घोर,
फूल देखने में, छूने में दाहक वज्र कठोर।

निस्सहाय, निःशस्त्र जाति का यह अमोघ आधार।
बल की, बलि की, निर्भयता की, हिम्मत की तलवार।

[1945]

उमंग

हम मान गये, हैं चाँद निठुर,
पीयूष नहीं लेने देगा,
देवों का है जो भाग, नरों
के लिए नहीं देने देगा।

हम मान गए सुरराज
स्वर्ग के पास न जाने देता है,
कल्पद्रुम के दो फूल भूमि
के लिए न लाने देता है।

है जहाँ-जहाँ पीयूष-कुण्ड,
हैं वहाँ-वहाँ पहरे जारी।
हैं पंक्ति बाँध कर शत्रु खड़े,
है महायुद्ध की तैयारी।

हम मान गए, सब ने विरुद्ध
आशा के शस्त्र निकाले हैं।
हम मान गए, तुम एक,
उधर वे लाख रोकने वाले हैं।

पर एक बार क्यों नहीं हमें
अम्बर पर छाने देते हो?
क्यों नहीं इन्द्रपुर की पल में
धज्जियाँ उड़ाने देते हो?

[1944]

निर्जीव प्रेम

[1]

सुन रही हूँ, सुन रही हूँ बाँसुरी की तान।
आग से खाली तुम्हारी साँस की कारीगरी,
गा रही हो वायु में ज्यों काठ की कोई परी।
गीत की मदिरा न मन को सींचने वाली,
फाँस अंकुश में हृदय को खींचने वाली।
आज आया है कहीं कुछ खो तुम्हारा गान,
सुन रही हूँ, सुन रही हूँ बाँसुरी की तान।

[2]

अंग में उठती नहीं झंकार।
खो दिया क्या स्पर्श ने? सिहरी नहीं रोमावली।
देह-लतिका में चटक पाई नहीं कोई कली।
रक्त में लहका नहीं क्यों आग-सा कुछ भी?
चर्म के नीचे न गूँजा राग-सा कुछ भी।
स्पर्श के पीछे नहीं जीवित हृदय का ज्वार।
फिर शिराएँ प्राण की कैसे उठे झंकार?

[3]

यह नहीं विस्वल हृदय का नाद।
यह निरा निर्जीव, कम्पनहीन आकुंचन अधर का।

प्रज्वलित चुम्बन रसाकुल यह नहीं संतप्त नर का।
यह न जीवित याचना नर के विकल उर की।
यह न व्याकुल गूँज उफनाये हुए सुर की।
रक्त-कंप नहीं, न तो यह प्राण का संवाद।
यह नहीं रसमग्न नर का मौन, कूजित नाद।

[1944]

मृत्ति-पुत्र

क्या गाऊँ रस-गीत कल्प-कानन का,
वियत्कमल का?
रसे, मैं न मधुमुख रसनायक
गायक विधु-मंडल का।

मैं विदग्ध जीवन का स्वर
लहराता हुआ पवन में;
तृषित भूमि का नाद गूँजता
हुआ अखण्ड गगन में।

हृदय-वेदि अभिषिक्त नहीं,
सौरभ से हरि-चन्दन के।
भरते हैं रसकोष प्राण का
पाटल मृत्यु-भुवन के।

करस्पर्श से रही दूर
बहती स्वर्णदी निराली।
हुई सत्य मुझको गंगा
मिट्टी पर बहने वाली।

सही ग्लानि-कुत्सा जीवन की,
पंक भूमि का झेला।

किया कुसुम-रस पान, ज्योति,
से भी जी भर कर खेला।

बहा स्वेदकण, फोड़ निकाली
धारा अगम-अतल से।
छक कर पिया दूध मिट्टी का
मैंने निज भुजबल से।

[1945]

शहीद

[नेताजी की आजाद हिन्द फौज के शहीदों की याद में]

जन्म-भूमि से दूर किसी
वन में या नदी-किनारे
हम तो लो सो रहे
लगाते आजादी के नारे।

ज्ञात नहीं, किसको हम
कितने दुःख में छोड़ चले हैं;
किस असहाय दशा में
किससे नाता तोड़ चले हैं।

जो रोयें, तुम उन्हें सुनाना
ज्वालामयी कहानी।
स्यात् सुखा दे यह ज्वाला
उनकी आँखों का पानी।

आए थे हम यहाँ देश-
माता का मान बढ़ाने,
स्वतन्त्रता के महायज्ञ में
अपना हविष् चढ़ाने।

सो पूर्णाहुति हुई, देवता
की सुन अन्य पुकार

मिट्टी की गोदी तज हम
चलने को हैं तैयार।

माँ का आशीर्वाद, प्रिया का
प्रेम लिये जाते हैं,
केवल है संदेश एक
जो तुम्हें दिये जाते हैं।

यह झण्डा, जिसको मुरदे की
मुट्ठी जकड़ रही है,
छिन न जाय, इस भय से
अब भी कस कर पकड़ रही है।

थामो इसे, शपथ लो, बलि का
कोई क्रम न रुकेगा।
चाहे जो हो जाय, किन्तु,
यह झण्डा नहीं झुकेगा।

जिस दिन हो तिमिरान्त,
विजय की किरणें जब लहराएँ,
अलग-अलग बहने वाली
ये सरिताएँ मिल जाएँ।

संगम पर गाड़ना ध्वजा यह
इसका मान बढ़ाना।
और याद में हम जैसों की
भी दो फूल चढ़ाना।

[1945]

गांधी

सत्यध्वज मनुष्य कहाँ तक ऊपर उठ सकता है?
बापू, तुम पृथ्वी पर हिमालय हो,
आकाश में सूर्य हो।

जिसमें चींटी के दब जाने की विनम्रता है,
समुद्र और गजराज उसकी आज्ञा
को नहीं टालते।

तो फिर ब्रिटिश सिंह इतना मदोन्मत्त क्यों है?
अथवा तुमने अब तक उसे आज्ञा ही
नहीं दी थी।

किन्तु, अब तो तुम बोल चुके,
'अंगरेज़ो, भारत छोड़ दो।'

सप्त सिन्धुओं के पार से आए हुए,
हे गौरांग मृगराज,
गांधी के इस वचन का पालन करो।
यह घृणा नहीं, प्रेम की वाणी है।
इंग्लैंड और भारतवर्ष
एक राज्य के अंग होकर भी
पास नहीं, दूर हैं।

तुम भारत छोड़ दो।
तब बापू दो देशों के बीच
प्रेम का सेतु बनाएँगे।

हिटलर और स्टालिन तो बिलकुल ही नहीं,
गांधी को तुम चर्चिल और रूज़वेल्ट भी
नहीं समझना।

वह चंद्रगुप्त और चाणक्य नहीं,
मुकुटहीन अशोक है।
स्वर्ग के हृदय में जो संदेश है,
वह गांधी के मुख से फूटता है।
तुलसी का पौधा, जो भटककर
राजवाटिका में आ गया है।
देशभक्ति और राजनीति के अखाड़े में
उतरा हुआ संत,
जिसे आत्मा है, देह नहीं है।

भगवान का निशान अपने माथे पर
धारण करनेवाला महाभिक्षु।
ईसा, बुद्ध और महावीर का सखा।

देखते हो भारतवासियों को?
गांधी को देखकर उनकी आँखें
अब भी तो जुड़ा नहीं पाई हैं।
'दिने दीप ज्वालि, ओरे ओ ख्याली
कि लिखिछे हिजीबिजी?
नगर-प्रान्ते रोल उठे शोनो
गांधी जी, गांधी जी।'

कवियो, फटे बादलों में
तुम कविता खोज रहे हो।
किन्तु, यहाँ मिट्टी पर ही
कर्मठ कवि खड़ा है,
जिसका चरित्र कोटि कविताओं के
निर्झर के समान
शुभ्र और उन्मेषशाली है।
विष्णु के तेज से दीप्त वैष्णव
(वाच, काछ, मन निश्चल राखे
धनि, धनि, जननी तेणीं रे)
जिसके सत्याग्रह-रूपी पारस के स्पर्श से
तलवारें भी लौह गुण को छोड़कर
स्वर्ण बन जाती हैं।

[1945]

ओ सपनों की रानी

बहुत दिनों पर मिलीं आज तुम,
बैठो, कहूँ कहानी।
ओ मेरे मन की उजियाली,
ओ सपनों की रानी!

झपक-झपक-से रहे अभी
कुछ दिन से चाँद-सितारे।
मस्ती रूठ कहीं जा बैठी
निर्जन नदी किनारे।

जाने, क्या हो गया, प्रभंजन
पग-पग पर झड़ता है।
बिठा पीठ पर मुझे गगन में
जाने से डरता है।

चौराहे पर ठिठक रही
जाने, क्या सोच जवानी।
ओ मेरे मन की उजियाली,
ओ सपनों की रानी!

पहले-पहल कली अन्तर की
गीली कुछ पाता हूँ।
पहले-पहल धनुष की डोरी
ढीली कुछ पाता हूँ।

लगी उतरने किरण,
कड़ी दोपहरी बीत चली क्या?
पुलिन दीखने लगे,
बाढ़ की लहरी बीत चली क्या?

लौट चला क्या नदी ओर को
सिमट खेत से पानी?
ओ मेरे मन की उजियाली,
ओ सपनों की रानी!

सोच रहा हूँ, ये भी हैं
जीवन के अर्थ नये क्या?
सबका जीवन सफल दिवस
मेरे ही व्यर्थ गए क्या?

किस पर्वत की छाती पर
मैंने निज मान लिखा है?
किन पत्तों पर मैंने अपना
कोमल गान लिखा है?

है कोई भी हृदय अहर्निशि
जहाँ गूँजता हूँ मैं?
जीवित है देवता, ध्यान में
जिसे पूजता हूँ मैं?

पदरज हूँ या तिलक-बिन्दु,
विनयी हूँ या अभिमानी?
ओ मेरे मन की उजियाली
ओ सपनों की रानी!

[1946]

अग्निपर्व

विघ्नों की ग्रीवा पर कराल
निज भार तोलने जाने दे।
सब हार थके, मुझको
मन्दिर का द्वार खोलने जाने दे।

हारे वे, जिनकी ध्वजा
गगन से भी ऊपर लहराती थी।
हारे वे, जिनकी किरण पहुँच
सुरपुर में धूम मचाती थी।

हारी व्रत की चाँदनी, तपस्या
के उज्ज्वल शायक हारे।
वीणे, जड़ता के व्यूह बीच
तेरे चेतन गायक हारे।

तेरी कविता ने देख लिया,
फूलों की राह नहीं आगे।
तप की कोमल पावनता की
पथ को परवाह नहीं आगे।

आँसू में है जो तेज निहित,
जानता उसे केवल जन है।

मानव की दुनिया खत्म हुई,
आगे यह बाघों का वन है।

हाँ, जीत नहीं, यह हार,
जाल पर जाल फैलते जाते हैं,
ग्रन्थियाँ और उलझी जातीं
जितना उनको सुलझाते हैं।

नीरव था व्योम भले, तूने
क्यों नाद भरा झंकारों से?
सोती ज्वाला की नींद तोड़
डाली क्यों तीव्र पुकारों से?

अब देख रोष, जिसमें प्रचण्ड
यह पारावार गरजता है,
विष का कोलाहल, अहंकार
जिसमें ज्वाला का बजता है।

तूने आमंत्रण दिया, क्षितिज
पर आकर खड़ी भवानी है।
यह आग खेलने आ पहुँची,
अब खोज रही क्या पानी है?

[1946]

ध्वजा वन्दना-1

नमो, नमो, नमो!
नमो स्वतन्त्र जाति की ध्वजा, नमो, नमो!

[1]

नमो नगाधिराज-शृंग की विहारिणी!
नमो अनन्त सौख्य-शील-शक्ति-धारिणी!
प्रणय-प्रसारिणी, नमो अरिष्ट-वारिणी!
नमो मनुष्य की शुभेषणा-प्रचारिणी!
नवीन सूर्य की नई प्रभा, नमो, नमो!

[2]

हम न किसी का चाहते तनिक अहित, अपकार।
प्रेमी सकल जहान का भारतवर्ष उदार।
सत्य न्याय के हेतु
फहर-फहर ओ केतु,
हम विरचेंगे देश-देश के बीच मिलन का सेतु!
पवित्र सौम्य, शान्ति की शिखा, नमो, नमो!

[3]

तार-तार में है गुँथा ध्वजे, हमारा त्याग,
दहक रही है आज भी, तुममें बलि की आग।

सेवक सैन्य कठोर
हम चालीस करोड़,
कौन देख सकता कुभाव से ध्वजे, तुम्हारी ओर?

[4]

करते तव जय गान
वीर हुए बलिदान,
अंगारों पर चला तुम्हें ले सारा हिन्दुस्तान!
प्रताप की विभा, कृशानुजा, नमो, नमो!

[1947]

ध्वजा वन्दना-2

[1]

मंगलमूर्ति तिरंगा प्यारा,
झंडा ऊँचा रहे हमारा।
बल, बलिदान, विजय का साका,
सखा शूरता, निर्भयता का,
जनता की यह राजपताका,
जन-जन की आँखों का तारा।

[2]

धरती की हरियाली है यह,
सत्पथ की उजियाली है यह,
बल, विक्रम की लाली है यह,
यह पौरुष, यह मान हमारा।

[3]

लहरे अचल हिमाचल-कर में
फहरे हिन्द महासागर में,
नगर-नगर में, डगर-डगर में
गूँजे भेद गगन यह नारा।

[4]

'इस पर न्योछावर तन मन है,
न्योछावर जीवन, यौवन है।
यह सारे भारत का प्रण है।
न्योछावर सर्वस्व हमारा।'

[5]

इसमें गौरव-गान भरा है,
बल, पौरुष, बलिदान भरा है,
यौवन का अरमान भरा है
उगता हिन्दुस्तान हमारा।*

[1947]

---

* 'झंडा ऊँचा रहे हमारा'–इस पंक्ति के आविष्कर्ता श्री श्यामलाल जी गुप्त पार्षद हैं।

त्यागमूर्ति

अरमान यही, आजाद हिन्द की
नींव तले सो जाऊँ मैं;
विस्मृति ले मुझको लील,
किसी को याद नहीं फिर आऊँ मैं।

मै स्वतन्त्रता का बलिदानी,
मेरी बलि का क्या पुरस्कार?
है खींच रही पल-पल आगे
आशा की यह केवल पुकार।

मैं मिटूँ कि भारत जिये,
भविष्यत् में जीवन का नाद उठे।
मेरी हड्डी पर स्वतन्त्रता का
कभी राजप्रासाद उठे।*

* न्यायमूर्ति पंडित मोतीलाल नेहरू के एक उद्‌गार का छन्दोबद्ध रूप।

गीत

गगन में आकुल घन छाए
जल में भींग सजल मोती चुनने के दिन आए।

[1]

रस की धार भुवन में छूटी,
निद्रा बीज कणों की टूटी।
रसा-कोष में अमृत, हमारे सपने लहराए।

[2]

सुरधनु की सतरंगी छाया
पड़ी, ताल की चमकी काया।
मेरे अश्रु-कणों में सातों रंग उतर आए।

[3]

सफल मेघ का जीवन झरझर,
रस से तृषित भूमि को भरकर।
कब होगा वह सफल, स्वप्न से हम जो द्रुम लाए?

क्षितिज के पार

घन पर धर कर चरण किरण का
लिये क्षीण आधार
सोच रहा, कैसे खोलूँ
अज्ञात पुरी का द्वार!

अविश्लिष्ट जग के मुख पर से
कैसे शिला हटाऊँ?
धरूँ कौन-सा रूप, स्वप्न के
भीतर कैसे जाऊँ?

खोल, खोल निज नयन काल!
पलकों में करूँ प्रवेश।
पहुँचूँ तिमिर-विवर से चल
अज्ञात हृदय के देश।

अविश्लिष्ट वह देश, जहाँ पर
मनोमग्न जीवन है,
चेतनता निष्कम्प, जहाँ
नीरवता में कम्पन है।

सिमटा सार निखिल प्राणों का
जिसके निभृत निलय में।
अक्षय अमृत-घाटी-सा जो
विजड़ित है काल हृदय में।

स्वप्न देह धर जहाँ विचरते
मिट्टी पर पग देकर।
और सत्य झिलमिल रहता
आभास स्वप्न का लेकर।

जहाँ मरण के रन्ध्र-रन्ध्र में
कूजित अमर प्रकाश।
आलिंगन में बँधे पड़े हैं
मिट्टी औ' आकाश।

खोलो, खोलो, अजिर-द्वार
अज्ञात जगत के स्वामी,
अविश्लिष्ट, अव्यक्त भेद का
व्यक्त मनुज मैं कामी।

छूने दो आवरणहीन कर
से अरूप सपने को,
पहुँचाने दो परे स्पर्श की
सीमा से अपने को।

जरा अतल तक डूब देखने दो
खाई यह क्या है,
समाधान उठता रहता
जिसमें से नित्य नया है।

गहन मूकता में, शब्दों की
मुखर परिधि के पार
प्राणों को सुनने दो प्राणों
का अशब्द गुंजार।

[1949]

निर्झर का स्वप्न-भंग

आज प्रात रवि-किरण-निकर
कर प्रवेश छा गया, न जाने,
कैसे प्राणों के भीतर।
धँसे अन्ध गह्वर में कैसे
प्रात विहग के गान?
इतने दिनों बाद जाने क्यों
जाग उठे हैं प्राण?
जाग उठे हैं प्राण!
अरे, औ' उमड़ उठा सागर है।
आज रोक रखना उर के
आवेगों को दुष्कर है।

थर-थर काँप रहे हैं भूधर;
टूट-टूट गिर रहा उपल है।
फूल-फूल कर कठिन क्रोध में
गरज रहा यह दारुण जल है।

इधर-उधर पागल, मदमाता
घूम-घूम कर धूम मचाता;
फिरता चारों ओर
टक्करें खाता बारम्बार।
कारा से बाहर जाने को
किन्तु न पाता द्वार।

विधना, चारों ओर शिलाएँ,
ये कैसी दुर्गम बाधाएँ?

तोड़ो हृदय, बाँध यह तोड़ो,
फोड़ो कठिन कुलिश-बंधन।
अपराधी अपनी उमंग को,
साधो प्राणों का साधन।

उठा लहर पर लहर करो
आघातों पर फिर-फिर आघात।
चलने दो उच्छल अभंग
अपनी उमंग का महाप्रपात

जाग उठे जब प्राण मत्त
तब किसका तम, पत्थर किसका?
उछल उठी वासना अगर तो,
निखिल विश्व में डर किसका?

ढालूँगा मैं करुणा-धारा,
तोड़ूँगा पाषाणी कारा।
प्लावित कर मैं सारे जग को
पागल प्रमत्त-सा गाऊँगा।

मैं खोले कुन्तल-जाल
चुनूँगा पुष्प राशि।
मैं इन्द्रधनुष-अंकित
सतरंगे पंख बाँध
उड़कर रवि की किरणों की
हँसी लुटाऊँगा।

मैं बहा प्राण की धार करूँगा
सारी वसुधा को निहाल।
मैं शिखरों से शिखरों पर
दौड़ लगाऊँगा।
शैलों से उठकर शैलों पर
सो जाऊँगा।

खल-खल हँस कर कलकल
दूँगा मैं ताल-ताल पर ताल।
है कितनी कथा, गान कितना,
कितना है मुझमें प्राण!
कितने सुख, कितनी साधें,
मुझको आज न अपना ध्यान।

अरे, चतुर्दिक् तब भी मेरे
ये किन पाषाणों के घेरे?
तोड़ो, तोड़ो हृदय बन्ध;
ऐसी भी क्या सत्ता पवि की?
आज पक्षियों ने क्या गाया?
आई हैं किरणें रवि की।

[मूल : रवीन्द्रनाथ ठाकुर]

[7-5-61]

प्राण

मरना नहीं चाहता मैं इस
सुन्दर, सुखद भुवन में।
मुझे मानवों में जीवित
रहने का है अरमान।
रवि के इस उज्ज्वल प्रकाश में
इस पुष्पित कानन में
यदि जीवन्त हृदय के भीतर
मुझे प्राप्त हो स्थान।

सतत उर्मि-शोभित यह क्रीड़ा
प्राणों की पृथ्वी पर,
विरह-मिलन के हास-अश्रुओं
से जीवन समवेत;
मनुजों के अपार सुख-दुःख को
गीतों में गुम्फित कर
निर्मित मैं कर सकूँ अगर
भू तल पर अमर निकेत।

पर अलभ्य हो वह, तब प्यारे,
जब तक जियूँ भुवन में,
रहूँ तुम्हारे बीच स्थान
पाकर सेवक-समतूल।
कल तुम कभी चुनोगे इनको

यह उमंग ले मन में
रहूँ खिलाता रोज़रोज़
नूतन गीतों के फूल।

हँसते हुए प्रसूनों को
वृन्तों पर से चुन लेना।
और हाय, वे फूल जायँ यदि
सूख फेंक तुम देना।

[मूल : रवीन्द्रनाथ ठाकुर]

[8-5-61]

क्षणिकाएँ

शब्द

सब गया; बाकी बचा जो व्यर्थ है।
शब्द केवल झनझनाहट है हमारी।
लय नहीं, बाकी न कोई अर्थ है।

[25-4-69]

पराजय

विपत्तियाँ मुझे घेरकर
कोने में ले गई हैं।
तब भी मेरा हृदय दहाड़ता
और चिल्लाता है।
यह वीरता नहीं, पराजय की भीति है।
आदमी जब सघन अन्धकार
में होता है।
वह बड़े जोर से गाता है।

[30-4-69]

तंगी

राजा
तुम्हारे अस्तबल के
घोड़े मोटे हैं।
प्रजा भूखी और नंगी है।

घोड़ों को कोई अभाव नहीं।
लेकिन लोगों को हर तरह की तंगी है।

[14-5-69]

आत्मनाश

तुम अगर अपने आप को
चोट न पहुँचाओ,
तो कोई दूसरा तुम्हें कैसे मारेगा?
जो परिवार अपना विनाश
आप नहीं करता,
कोई दूसरा उसका क्या बिगाड़ेगा?
राज्य भी अपना संहार
पहले आप करते हैं,
बाद में वे किसी अन्य
राज्य के हाथों मरते हैं।

[14-5-69]

सनातन प्रश्न

हमारे आध्यात्मिक व्यक्तित्व का
केंद्र कहाँ है?
वह गहराई कौन-सी है, जहाँ
सन्त बैठकर परम ध्येय को साधते हैं;
समस्त सृष्टि के साथ अपने को
अदृश्य धागों से बाँधते हैं?

मेरे व्यक्तित्व का वह वातायन कहाँ है?
जिससे सारा आकाश दिखाई देता है?

देवता हमें धरती पर कहाँ से भेजता है?
और फिर कहाँ बुला लेता है?

[16-5-69]

सावधानी

जो बहुत बोलता हो,
उसके साथ कम बोलो।
जो हमेशा चुप रहे,
उसके सामने हृदय मत खोलो।

[17-5-69]

सराय

पुरानी कहावत है कि दुनिया सराय है।
यहाँ शान्ति की खोज करना ही व्यर्थ है।
इस सराय में तुम प्रेम-प्रेम पुकारते हो।
आखिर इसका क्या अर्थ है?

यहाँ जितने भी लोग हैं, उन्हें सगा-सम्बन्धी जानो।
और यह मानो
कि जिस तरफ को भी तुम जाओगे,
चोट के सिवा और कुछ नहीं पाओगे।

[17-5-69]

गृह-कलह

जो बीमार नहीं पड़ा है,
वह स्वास्थ्य की महिमा कैसे जानेगा?

जिसने गृह-कलह नहीं देखा है,
वह उसकी दाहकता क्या पहचानेगा?

[17-5-69]

वीर

गरीबों में भी श्रद्धेय वीर होते हैं।
निर्धन भी स्वाभिमानी
और गम्भीर होते हैं।
मन-ही-मन वे दुखों को मारते हैं।
मगर धनियों के आगे
हाथ नहीं पसारते हैं।

[17-5-69]

डूबने का भय

किनारे पर खड़े रहो,
अगर तूफान के थपेड़ों से
डरते हो।
समुद्र की तरंगों पर
तैरने का लोभ क्यों करते हो?

[17-5-69]

आधा मर्द

विजय से फूला तो नहीं,
मगर पराजय में जरूर रोया हूँ।
मालिक, मैं तुम्हारा आधा दास हूँ।

आधी जिन्दगी जगा हूँ
और आधी सोया हूँ।

[17-5-69]

गवाक्ष

गवाक्ष तब भी था,
जब वह खोला नहीं गया था।
सत्य तब भी था,
जब वह बोला नहीं गया था।

[17-5-69]

निस्सहाय

जहाँ-जहाँ था बँधा, वहाँ से छूट रहा हूँ।
सजे हुए बादल अब फटकर बिखर रहे हैं।
कुछ मुझसे टूटे, कुछ से मैं टूट रहा हूँ।

लगता है, अब अन्धकार छानेवाला है।
न तो भूमि पर दीप, न नभ में तारे होंगे।
ऐसे में तुम निस्सहाय की बाँह गहो हे।
और कौन है, जो मेरा अब हो सकता है?

[12-5-69]

राम का नाम

आँख मूँद बेखौफ
राह तय किये चलो।

कदम-कदम पर नाम
राम का लिये चलो।

[27-5-69]

प्रायश्चित्त

पाप का प्रायश्चित्त चल रहा है।
हृदय अपनी ही ज्वाला में जल रहा है।
विपत्ति आई नहीं,
बुलाई गई है।
तूने जो बीज बोया था,
फल रहा है।

[28-5-69]

अग्नि-वृक्ष

पेड़ बाहर से फूला हुआ है;
मगर भीतर उसके चिनगारी भरी है।
इस धोखे में मत रहना
कि पत्ते नये हैं, डालियाँ हरी हैं।

[30-5-69]

शोहरत

शोहरत को वेश्या समझो।
उसकी खुशामद करना उससे छोटा होना है।
और उसकी उपेक्षा करना
उसे दूसरे की बाँहों में ढकेलना है।

बुरी बात यह है कि कमर कसकर
शोहरत की खोज करना
नीच बनकर उसका
नखरा झेलना है।

[23-2-70]

पन्थ

तुम्हारे पढ़ डाले सब ग्रन्थ।
घूमकर देख लिये सब पन्थ।

[27-8-63]

दान

क्या दोगे देवता, मनुज को?
स्नेह, शक्ति या सोना?
तन में मन का विलय कि
मन में ही तन का लय होना?

[17-10-49]

कुन्तल

काले जल की धार तुम्हारा कुन्तल है,
अंधकार के स्वप्न जहाँ लहराते हैं।
इस तरंगिनी में अगाध कितना जल है?
क्षण-क्षण मेरे प्राण डूबते जाते हैं।

[7-7-58]

मुसकान

मढ़ दूँगा यह मुसकान कभी
प्रत्येक दिशा के मुख पर;
तेरे चन्द्रानन का प्रकाश
प्रत्येक निशा के मुख पर।

[8-7-58]

जवानी और बुढ़ापा

जवानी की आँखों में ज्वाला होती है।
बुढ़ापे की आँखों में प्रकाश होता है।
जवानी की बाँहों में पृथ्वी होती है।
बुढ़ापे की मिट्टी में आकाश होता है।

जवानी संचय करती है।
बुढ़ापा दान होता है।
जवानी सुन्दर होती है।
बुढ़ापा महान होता है।

[19-3-70]

वर्तमान

बीता हुआ कल आज स्मृति है।
आने वाला कल आज का सपना है।
अतीत और भविष्य की चिन्ता मत करो।
केवल वर्तमान अपना है।

[27-2-70]

एक संदेश

सभी किरणों को समेट कर
दीये की एक लौ गढ़ना
वैसा ही है, जैसे सभी आँखों का संदेश
तुम्हारी आँखों में पढ़ना।

[19-3-70]

स्वर्ग के समीप

तू फूलों की रानी है।
मैं सितारों से समृद्ध हूँ।
हम दोनों स्वर्ग के समीप बसते हैं।
तू सुन्दर है, मैं वृद्ध हूँ।

[19-3-70]

अभागे की पुकार

अपना घाव ईश्वर को दिखाओ।
जिस पर मौसम की मेहरबानी है,
धरती उसी फूल को चुनती है।
सरे-बाजार दर्द की गठरी क्यों खोलते हो?
यह वह भीड़ है,
जो अभागे की पुकार नहीं सुनती है।

[19-3-70]

जवानी का लोभ

जहाँ से हम चल कर आये हैं,
वहाँ फिर से जाना पड़ता है।
जवानी को वापस लाने के लिए
उसकी मूर्खताओं को
दुहराना पड़ता है।

[9-6-70]

युवा वृक्ष

तुम्हारे लोहू में गुलाब है,
जिसका बिम्ब
तुम्हारे गालों पर पड़ा है।
तुम्हारी आँखों में हरियाली
चमकती है।
यह युवा वृक्ष
प्राणों में कहाँ खड़ा है?

[9-6-70]

❂❂❂